QUESTIONS D'ADOS

- ado, ça veut dire quoi ?
- c'est quoi l'amour ?
- mon corps change
- la premiere fois
- savoir se préserver
- la puberté c'est quoi ?

Conception ANTIBRUIT
www.antibruit.net

ISBN 978-2-84626-917-9

© Éditions Au diable vauvert, 2014
3ᵉ édition

Au diable vauvert
www.audiable.com
La Laune - 30600 Vauvert
contact@audiable.com
Catalogue sur demande

Questions d'ados

ÉDITION 2014

AU DIABLE VAUVERT

préface

Déjà plus un enfant, pas encore un adulte… Être adolescent, c'est vivre de grands chamboulements, dans son corps et dans sa tête. Avec les copains et les copines, avec la famille, tout change.
On ressent des émotions qu'on ne connaissait pas, on tombe amoureux…
Tant de nouvelles expériences en si peu de temps : il y a de quoi être exalté, parfois angoissé, toujours étonné. De quoi se poser beaucoup de questions…
C'est pour y répondre qu'est né ce livre.

Questions d'Ados est issu du travail de professionnels qui rencontrent les adolescents dans les collèges, dans les lieux d'accueil et de prévention, dans leur travail de tous les jours. Nourri de leur expérience, il a été enrichi par les témoignages de nombreux jeunes qui ont su dire leurs interrogations, leurs inquiétudes, leurs espoirs…
Deux illustrateurs y ont apporté leur regard, pour que l'humour ne soit jamais absent de votre lecture.

Nous avons voulu que *Questions d'Ados* soit un livre à la fois agréable à lire et plein d'infos, un livre vraiment utile qui vous parle de vous et vous apporte le bon renseignement au bon moment.

Nous espérons qu'il trouvera sa place dans vos sacs, sur les rayons de vos bibliothèques, au fond de vos tiroirs à secrets, toujours à portée de main, et qu'il saura vous accompagner dans cette grande aventure qu'est l'adolescence !

3	Préface
6	*Questions d'Ados* c'est quoi ?

121	Adresses utiles
124	Notes
128	Quiz
130	Pour s'y repérer
132	L'équipe de *Questions d'Ados*

10 MON CORPS CHANGE

12	La puberté, c'est quoi ?
16	Pour nous, les garçons
22	Pour nous, les filles
28	Mon corps, j'en prends soin
32	Bien dans ses baskets

62 C'EST QUOI L'AMOUR ?

64	Tomber amoureux
68	Chacun/e ses amours
72	Tu veux sortir avec moi ?
74	Mon amour… et les autres
78	Quand c'est fini…

94 POUR QUE ÇA SE PASSE BIEN

96	Se protéger
106	Un enfant : super, mais pas maintenant

sommaire

34   ÇA Y EST, JE SUIS ADO

36   Être ado, ça veut dire quoi ?
40   Ma famille et moi
44   Les copains, les copines
48   Les filles et les garçons
52   Réseaux sociaux Internet
54   Savoir se préserver
56   Dépendance aux écrans
60   Quand ça va mal…

80   SEXUALITÉ : C'EST MON CHOIX

82   Quand on veut, comme on veut
86   La première fois

110   STOP AUX VIOLENCES

112   Refuser les violences
114   Le harcèlement
116   Les mutilations
117   Le mariage forcé
118   La pornographie
119   Les violences sexuelles

questions d'ados...

➤ L'adolescence, c'est un moment intense. Des transformations physiques, involontaires, non choisies vous saisissent : c'est ce qu'on appelle la puberté. Toutes les émotions, les sensations, les pensées se bousculent. Les copains, les copines, sont très attirants. On veut leur ressembler, être avec eux, mais aussi, parfois, être contre eux, être différent d'eux.

➤ Amours, haine ou amitié : les sentiments deviennent si intenses, ils peuvent vous déborder. Ils se ressentent physiquement et provoquent des sensations, du désir. Vous prenez conscience que vous êtes des êtres sexués. La sexualité, c'est à la fois l'identité sexuelle, l'intimité, et également ce qui relie aux autres. Sortir de l'enfance, c'est se séparer des parents, prendre conscience de ce qui vous différencie d'eux et de ce qu'ils vous ont transmis. Ça ne se fait pas en un jour, parfois dans les rires, parfois dans le silence, mais tôt ou tard, on y arrive ! Et quel plaisir ! Ce petit livre a l'ambition de vous aider à vous repérer, à trouver auprès de vos amis, auprès des adultes de votre entourage, auprès des professionnels si besoin les réponses aux questions d'ados que vous vous posez.

> **C'EST QUAND QUOI ?**
> C'est quand que mes seins poussent ?
> > C'est quand que j'ai des poils, de la barbe ? > Les pectoraux, c'est pour bientôt ? > C'est quand mon premier baiser ?
> > C'est quand qu'on m'écoute ? C'est quand que j'aurais le droit de passer la nuit sur Internet ? > C'est quand qu'on m'aime ? > C'est quand que mes parents vont me lâcher ?

➡ TOUT SEUL ?

À l'adolescence, tous les repères changent. Il est parfois difficile de s'y retrouver. Comment communiquer avec les autres alors que déjà avec soi-même, c'est pas facile ? Ça peut-être un grand moment de solitude qui grandit et, avec lui, l'impression qu'on ne va pas y arriver. Pas de panique ! Il est normal que cette transition soit un peu compliquée. Mais, heureusement, cela ne dure pas toute la vie, ça va passer ! Et si c'est trop dur, alors, il ne faut pas hésiter à trouver un adulte pour en discuter.

c'est quoi ?

➡ LES PARENTS CHANGENT AUSSI

Ados, vous avez l'impression de ne plus comprendre vos parents ? C'est bien normal, eux non plus. Tout se transforme pour vous et vos parents. Vos parents vont devenir des parents d'adolescents puis d'adultes petit à petit, cela ne peut pas se faire en un jour. Ce n'est pas facile de se rendre compte que la petite fille ou le petit garçon qui, hier encore, était tout pour vous, veut prendre de la distance et vous échappe un peu plus chaque jour... Votre rôle maintenant va être de convaincre vos parents que vous, petit à petit, vous devenez plus mature ! Alors avant tout, on garde confiance ! Il se peut que des mots

durs sortent, au risque même de casser la relation. Attention, de part et d'autre, il faut savoir s'excuser, revenir sur des paroles trop fortes et retrouver des mots tendres. Les parents argumentent : « Je pense que passer cinq heures de suite devant des séries, ce n'est pas super parce que... » Tout est donc à négocier et renégocier !

Vous allez vivre des moments déterminants avant de devenir pleinement des adultes. Vous allez découvrir d'autres mondes que celui de votre famille et parfois même prendre des risques. Mais qui n'a jamais fait de bêtises ! Si vos parents continuent à poser des interdictions, ils ont peut-être des raisons. Ils veulent vous protéger. Vous allez faire vos premiers choix importants : les premières sorties entre amis, la conduite d'un scoot, l'orientation scolaire...
Certains d'entre vous vont se retrouver devant des événements difficiles. Ce n'est pas facile et vous n'avez peut-être pas encore toutes les données pour prendre les bonnes décisions. Quel soulagement de pouvoir être accompagné par ses parents ou d'autres adultes dans ces moments-là ! Vous craignez de leur parler et de les décevoir. Eux aussi peuvent avoir peur de votre réaction et de votre jugement.
Questions d'ados répond à un bon nombre d'interrogations. Il est aussi un support de discussions.

témoignages

C'est ce qu'on dit !

« Les rapports avec mon fils depuis quelque temps sont plus difficiles, il me contredit souvent, ne fait pas ce que je lui demande ou fait la sourde oreille. Ce petit jeu m'oblige quelquefois à hausser le ton. Je sais bien que cet affrontement est nécessaire : si je ne recadrais pas ses comportements, il n'y aurait plus de frontières, tout serait permis. Le plus important pour moi, c'est de continuer à communiquer, même après nos disputes. »

✪ *M. P., père d'un garçon de 15 ans*

la puberté, c'est

➡ TOUT SE TRANSFORME

La puberté, c'est la période de toutes les transformations. Et ça commence… dans le cerveau ! Une glande appelée hypothalamus envoie des hormones à l'hypophyse, qui sécrète à son tour d'autres hormones (appelées FSH et LH). Le tout met en marche le système reproducteur : **ça veut dire que, physiquement, on peut faire des enfants.**
La puberté provoque un bouleversement de tout le corps : on prend du poids, des formes… On devient un homme ou une femme.

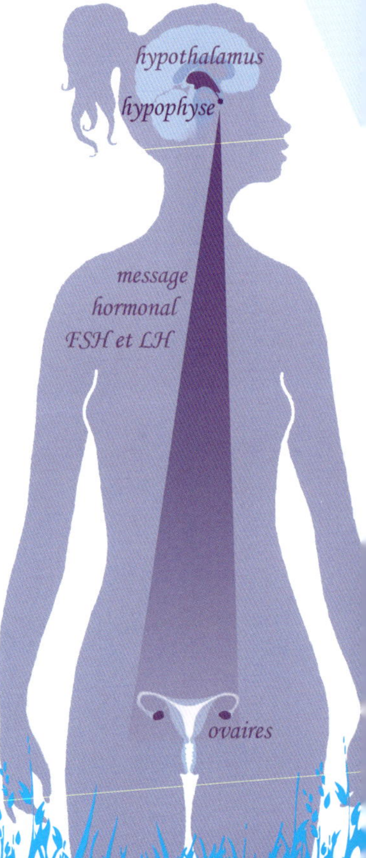

hypothalamus
hypophyse
message hormonal FSH et LH
ovaires

RÉPONSES DE PROS

« EST-CE QUE NOTRE POIDS STAGNE À PARTIR D'UN CERTAIN ÂGE ? »

Pendant la puberté, on grandit vite et beaucoup : il est donc fréquent que le poids stagne car **grandir demande beaucoup d'énergie** (c'est pour cela que les adolescents mangent parfois beaucoup). Mais attention, **quand la croissance s'arrête, les prises de poids sont fréquentes** surtout si on continue à manger en quantité et que l'on arrête de faire du sport.

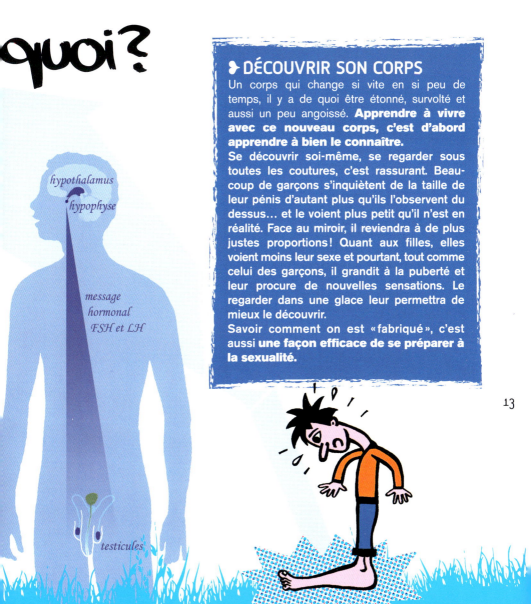

❯ DÉCOUVRIR SON CORPS

Un corps qui change si vite en si peu de temps, il y a de quoi être étonné, survolté et aussi un peu angoissé. **Apprendre à vivre avec ce nouveau corps, c'est d'abord apprendre à bien le connaître.**

Se découvrir soi-même, se regarder sous toutes les coutures, c'est rassurant. Beaucoup de garçons s'inquiètent de la taille de leur pénis d'autant plus qu'ils l'observent du dessus… et le voient plus petit qu'il n'est en réalité. Face au miroir, il reviendra à de plus justes proportions! Quant aux filles, elles voient moins leur sexe et pourtant, tout comme celui des garçons, il grandit à la puberté et leur procure de nouvelles sensations. Le regarder dans une glace leur permettra de mieux le découvrir.

Savoir comment on est « fabriqué », c'est aussi **une façon efficace de se préparer à la sexualité.**

« POURQUOI LES FILLES SONT GRANDES ET LES GARÇONS ONT JUSTE LES PIEDS QUI GRANDISSENT ? »

L'âge de début de la puberté est plus précoce chez les filles d'environ un à deux ans. Vers treize-quatorze ans, elles sont souvent plus grandes que les garçons qui, eux, n'ont pas encore commencé leur puberté. Et effectivement les pieds et les mains des garçons changent avant qu'ils grandissent en taille!

la puberté, c'est

➡ ON EST TOUS PAREILS…

Filles et garçons, **on n'est pas faits sur le même modèle mais ce qu'on vit se ressemble**. Mêmes soucis d'acné, mêmes sautes d'humeur, même ras-le-bol parfois de voir sa tête dans le miroir de la salle de bains. Même envie qu'on nous regarde… et même peur du regard des autres, parfois difficile à supporter.

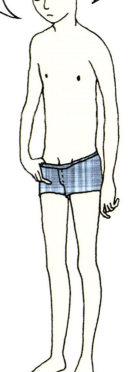

➥ ... ET TOUS DIFFÉRENTS

Pourtant, aucune puberté ne ressemble à une autre : **il n'y a pas de « taille idéale », de « poids idéal », ni de « bonnes dimensions » de seins ou de pénis.** Mais en cas de grosse inquiétude, il ne faut jamais hésiter à poser des questions à un médecin, une infirmière scolaire, aux parents, ou à se rendre dans un centre de planification et d'éducation familiale (voir pages « Adresses utiles »).

C'est ce qu'on dit !

« On ne s'attendait pas à se voir changer à ce point-là. Les adultes en rigolent, parce que pour eux c'est la période des boutons, mais moi je ne le vois pas comme ça. C'est l'entre-deux, c'est le fait de changer qui nous fait bizarre. »
✪ *Inès, 15 ans*

« On est plus sur les nerfs, parce qu'on voit notre corps changer. Ça serait bien de dire aux parents comment faire avec leur enfant qui est dans la puberté, de leur expliquer ce qu'on vit. Je trouve que c'est très difficile. »
✪ *Assia, 13 ans*

« Au début, on a encore le physique d'un enfant et on est confronté au monde des adultes, c'est assez exaltant et en même temps, on ne sait pas si c'est bien ou pas. »
✪ *Alyssa, 15 ans*

témoignages

pour nous, les gar

➥ COMMENT ÇA SE PASSE ?

La puberté des garçons démarre généralement un peu plus tard que celle des filles, entre onze et quinze ans.
Ça commence souvent par les extrémités : les pieds et les mains ; ensuite, leurs épaules s'élargissent, leurs muscles se développent, puis ils grandissent.
La voix mue : on passe du grave à l'aigu sans forcément très bien contrôler. En cours de musique, c'est toute une histoire !
Les poils poussent : sur les jambes, sous les bras, sur le torse, sur le pubis et sur le visage. Bonjour moustache et barbe, et bienvenue au rasoir (même si on n'est pas obligé d'être trop pressé, car c'est contraignant et, au début, pas très agréable).
La peau change : elle devient plus grasse, des boutons et des points noirs peuvent apparaître. Si c'est trop désagréable, pour les garçons aussi des traitements de l'acné existent et sont très efficaces.

❥ J'AI PAS DE POILS, C'EST GRAVE ?

De même que personne n'a exactement les mêmes yeux, le même nez ou les mêmes pieds, on n'a pas forcément les mêmes poils. Voire… on n'en a pas, du moins pas partout. Certains garçons n'ont pas de poils sur le torse, pas vraiment de barbe ou de moustache, plutôt un «duvet». On dit qu'ils sont «imberbes». Ça n'a rien d'anormal ; dans certaines régions du monde, c'est même très courant ! Donc, inutile de s'inquiéter : **avec ou sans des poils partout, on reste un garçon comme les autres.**

AVANT

APRÈS !

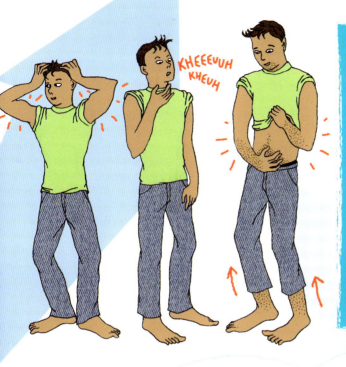

> **AU SECOURS, J'AI LES SEINS QUI POUSSENT !**
> À la puberté, il arrive que la poitrine des garçons se mette à pousser. Pas de panique ! **Ça n'a rien de grave et, surtout, c'est généralement passager.** Il faut juste éviter de tirer dessus. Le plus probable est que tout rentre dans l'ordre en un ou deux ans. En cas de grosse gêne, on peut toujours en parler à un médecin.

C'est ce qu'on dit !

témoignages

« Des fois, c'est compliqué. Par exemple, dans ma classe, il y a des garçons qui n'ont pas encore beaucoup grandi et les autres, les plus grands, se moquent d'eux. Pour moi, ça va. Quand je vois ma barbe qui pousse, je suis super-content, je me sens plus fort. C'est comme les muscles, ça fait plaisir d'en avoir. Les filles aiment ça. Enfin, dans ma classe, c'est ce qu'elles disent. »
✪ *Elyes, 15 ans*

« On change beaucoup, mais moi je le vis bien. Des fois, il y a des garçons qui disent "je suis petit", alors qu'ils sont un peu plus grands que moi… Mais ça va, moi aussi je vais grandir. »
✪ *Grégoire, 16 ans*

« C'est facile à vivre, ça vient tout seul. Bon, c'est vrai que les garçons qui ont des petits zizis, dans les vestiaires au foot, il y aura des vannes, ça va être "petite bite", des trucs comme ça. »
✪ *Ismaël, 14 ans*

pour nous, les gar...

➥ EN DESSOUS DE LA CEINTURE...

Comme le reste du corps, à la puberté, le pénis grandit et les testicules grossissent.

À l'intérieur du corps, les testicules, la prostate et les vésicules séminales se mettent en marche. Les spermatozoïdes sont fabriqués dans les testicules. Tout comme l'urine, le sperme passe par l'urètre, mais les deux ne peuvent pas passer en même temps.

Les testicules sont contenus dans le scrotum – on dit aussi les bourses – qui les maintient à une température constante de 37°C. C'est pour ça que, quand il fait froid, les bourses vont avoir tendance à se recroqueviller, pour ramener les testicules plus près du corps, alors que, quand il fait chaud, elles se détendent et tombent plus bas.

Il faut le dire et le redire : il n'y a pas de « taille standard » pour les « zizis » ! Quand on atteint dix-sept ou dix-huit ans, le pénis peut mesurer de 12 à 19 centimètres en érection : il y a de la marge… Dans tous les cas, **le plaisir sexuel n'a rien à voir avec la taille.**

MIROIR, MON BEAU MIROIR, DIS-MOI QUI A LA PLUS BELLE

LA TAILLE C'EST PAS LE PLUS IMPORTANT

TU CROIS ?

❥ AVEC OU SANS PRÉPUCE ?

Le bout du pénis, sa partie la plus sensible, c'est le gland. Celui-ci est, à la naissance, recouvert d'une peau qu'on appelle le prépuce. Quand le pénis est en érection, le gland sort du prépuce (on dit qu'il est « décalotté »).

La circoncision consiste à enlever le prépuce. C'est une opération très courante, pratiquée pour des raisons religieuses (chez les musulmans et les juifs), médicales (par exemple si le prépuce est trop serré) ou d'hygiène. Elle n'a pas d'incidence sur le plaisir sexuel.

❯ « C'EST LES BOULES ! »

Les testicules en bonne santé vont par deux et font à peu près la même taille et le même poids, même si l'un peut pendre un peu plus bas que l'autre. Ils changent de couleur. Un testicule qui grossit, qui fait mal, ou sur lequel il y aurait une petite boule peut être le signe d'un souci de santé. C'est pourquoi il ne faut pas hésiter à les examiner régulièrement… et à en parler, en cas d'inquiétude, à son médecin : il les regardera et les palpera à son tour pour vérifier que tout va bien.
Les testicules sont fragiles et c'est leur bon fonctionnement qui permettra plus tard d'avoir des enfants. Quand on pratique un sport où on risque de recevoir un coup (sports de balle, boxe, etc.), **il est nécessaire de les protéger.** Et quand on reçoit quand même un choc, il est plus prudent de faire vérifier par un professionnel de santé qu'ils n'ont pas souffert. Les testicules craignent les oreillons : se faire vacciner est une bonne précaution.

pour nous, les gar...

➡ L'ÉRECTION

Quand il y a excitation sexuelle, du sang va affluer dans le pénis, qui se gonfle, se raidit et se dresse : **c'est l'érection,** on dit qu'un garçon « bande ».
Un pénis en érection peut être courbé et s'orienter vers la gauche ou vers la droite : ça n'a rien d'anormal, c'est même très répandu.
Les érections ne se produisent pas toujours quand on le voudrait. Elles peuvent arriver d'un coup et être embarrassantes.
Elles peuvent aussi être difficiles, par exemple quand on est très anxieux, qu'on a peur de ne pas être à la hauteur… Ça ne veut pas dire qu'on est impuissant (voir page 92). **Dès qu'on est plus détendu, ça fonctionne tout de suite beaucoup mieux.**

C'EST PAS LE BON MOMENT…

CET ETE, JE PARS A LA MONTAGNE AVEC MAEVA

« C'EST NORMAL D'AVOIR UNE ÉRECTION QUAND ON SE LÈVE LE MATIN ? »

On peut se réveiller le matin avec une érection, ça n'a rien d'inquiétant. Souvent, les éjaculations ont lieu la nuit, parfois sous l'effet de rêves. On peut retrouver une marque sur le drap, sur le caleçon ou le pyjama : rien d'affolant, et rien à voir avec une perte d'urine.

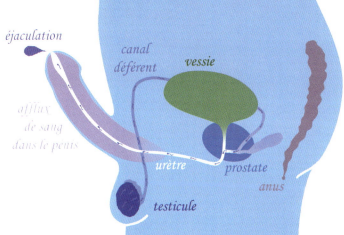

➡ L'ÉJACULATION

Les garçons éjaculent pour la première fois entre dix et dix-huit ans. L'éjaculation correspond à une série de contractions qui vont permettre au pénis de projeter du sperme. **Il y a éjaculation lorsque le plaisir sexuel arrive à son maximum :** on appelle ça l'orgasme (voir page 84). Lors d'une éjaculation (quand le garçon « jouit »), le pénis émet en moyenne l'équivalent d'une cuillère à café de sperme. On ne le dirait pas, mais ça correspond à 300 millions de spermatozoïdes !

Avant l'éjaculation, un liquide incolore, lubrifiant, s'écoule du pénis. C'est la « rosée du désir ». Très jolie expression, mais attention ! **Ce liquide contient déjà des spermatozoïdes,** qui peuvent féconder un ovule quand on fait l'amour.

pour nous, les filles

➤ LE CYCLE ET LES RÈGLES

Entre neuf et seize ans, chez les filles, **le cycle menstruel se met en place.** Il dure environ vingt-huit jours, mais il n'est pas forcément régulier, surtout les premières années. Au début du cycle, un ovule mûrit dans un des deux ovaires. Arrivé à maturité, il est expulsé dans la trompe : c'est l'ovulation. Il peut y avoir plusieurs ovulations par cycle. **À savoir : une grosse émotion, du stress, suffisent à perturber le cycle.** On n'est pas des machines…

OUI JE SUIS DE SALE HUMEUR ET NON J'AI PAS MES RÈGLES !!!

Si l'ovule rencontre un spermatozoïde, il est fécondé. C'est ce qu'on appelle un « œuf », on est enceinte. Dans le même temps, la paroi interne de l'utérus (la muqueuse) s'épaissit comme un « nid » pour accueillir l'œuf. S'il n'y a pas de fécondation, ce « nid » est expulsé : **ce sont les règles.** Ce n'est donc pas une hémorragie, et ce n'est pas si abondant : en moyenne, l'équivalent de deux à trois cuillères à soupe. On a ses règles à peu près jusqu'à cinquante ans : les ovaires s'arrêtent alors de fonctionner, ça s'appelle la ménopause.

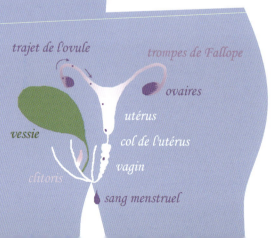

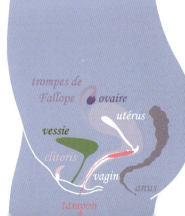

♦ QUELQUES RÈGLES SUR LES RÈGLES

- Pour absorber le sang des règles, deux solutions : la serviette hygiénique, qu'on colle au fond du slip, ou le tampon, qu'on introduit dans le vagin en le poussant vers les reins (et pas tout droit vers le haut). Il est important de **changer de serviette ou de tampon assez souvent dans la journée**. À savoir : **l'utilisation de tampons ne déchire pas l'hymen.**
- Stop aux fausses rumeurs : pendant ses règles, on peut se laver les cheveux, réussir une mayonnaise et aller à la piscine (on peut mettre un tampon).
- Selon les filles, les règles peuvent être plus ou moins douloureuses et abondantes. Si c'est très gênant (au point de ne pas pouvoir aller au collège, par exemple), il faut en parler à ses parents et consulter son médecin ou aller au centre de planification familiale, car des traitements existent.

témoignages

C'est ce qu'on dit !

« Je n'ai pas encore eu mes règles. Ça a l'air angoissant. On ne sait pas comment ça va arriver, on ne sera pas protégée, donc ça peut se voir… Avec les copines, on se pose des questions là-dessus. »
✪ *Myriam, 14 ans*

« Mes premières règles, j'en ai pleuré. Je ne sais même pas pourquoi… Je devais aller à une fête et je les ai eues. Je ne voulais pas les avoir, j'entendais les autres filles qui disaient que c'est chiant… Après, ma mère m'a expliqué. »
✪ *Lina, 15 ans*

« POURQUOI IL Y A DES PERTES BLANCHES ? »

RÉPONSES DE

Les « pertes blanches », c'est une autre grande nouveauté de la puberté. **Elles sont constituées par la glaire cervicale** (une substance transparente, un peu collante, qui aide les spermatozoïdes à progresser à l'intérieur du vagin) **et par la flore vaginale** (blanche et inodore, qui protège contre les infections) et s'écoulent du vagin, de façon plus ou moins abondante. Elles sont donc complètement normales.

pour nous, les filles

➡ ON GRANDIT... DE PARTOUT

À la puberté, de même que les garçons voient leur pénis grandir et leurs testicules grossir, **le sexe des filles – la vulve – se développe.**

D'une fille à l'autre, les vulves ne se ressemblent pas forcément. Les grandes lèvres sont plus ou moins épaisses, il arrive qu'une des deux soit plus grande que l'autre ; il arrive aussi que les petites lèvres dépassent des grandes. Rien d'anormal à tout ça.

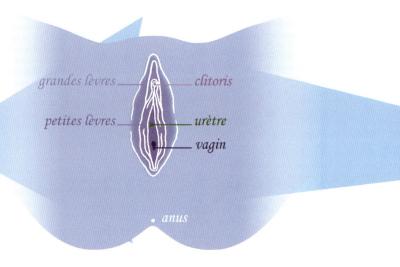

grandes lèvres — clitoris
petites lèvres — urètre
— vagin
· anus

➡ LE SAVEZ VOUS ?

L'hymen est une membrane fine et souple, plus ou moins complète, qui se trouve à l'entrée du vagin. Beaucoup de gens croient que la première fois qu'on fait l'amour, on saigne forcément parce que l'hymen se déchire. Ce n'est pas vrai. **Si on est en confiance, bien détendue, on ne saigne pas ou peu.**

➡ LE CLITORIS

Le clitoris fait comme une « boule » de chair, située là où les petites lèvres se rejoignent, en haut de la vulve. On dit souvent que c'est **« l'organe du plaisir » chez les filles,** car il a beau être très petit, il est aussi très sensible et, comme le pénis, il se gonfle sous l'effet du désir et des caresses. Apprendre à situer son clitoris et à le stimuler, ça peut aider, plus tard, à guider la personne avec qui on fera l'amour. C'est une question d'envie personnelle (voir page 85). Dans certains pays, on pratique l'excision, qui consiste à enlever le clitoris. En France, c'est interdit et sévèrement puni (voir page 116).

➤ L'INTIMITÉ, ÇA SE RESPECTE

Son propre sexe, c'est son intimité, son « petit intérieur ». **Il est important que ça le reste.**
Dans le cadre de la santé, un médecin peut être amené à l'examiner, comme toute autre partie du corps.
Mais aucune fille ne doit se sentir obligée de laisser, par exemple, une autre personne (quelle qu'elle soit) inspecter son hymen pour vérifier qu'elle est toujours vierge. La virginité, c'est une histoire entre soi et soi (voir page 90).

pour nous, les filles

➥ LA CROISSANCE AU FÉMININ

En même temps que le système reproducteur se met en marche, tout le corps se transforme. **Les filles grandissent et prennent du poids, leurs hanches s'élargissent et leur taille s'affine, leurs seins grossissent.**

Les poils poussent, sous les aisselles, sur le pubis et sur les jambes. S'épiler ou se raser n'est pas une obligation, c'est une tradition familiale ou religieuse, ou la mode, ou une envie personnelle. Quand du duvet apparaît sur le visage, il vaut mieux dans tous les cas éviter l'épilation, mais on peut décolorer les poils.

La peau, elle aussi, change : elle devient plus grasse, moins lisse, de l'acné et des points noirs peuvent apparaître. Si c'est trop gênant, le médecin peut conseiller un traitement.

C'est ce qu'on dit !

témoignages

« Je me suis sentie changer par rapport aux garçons. J'avais beaucoup plus de regards sur moi. Quelquefois ça peut être cool, mais ça peut être aussi énervant : il y a des garçons qui n'arrivent pas à se retenir, et des fois ils vous touchent, et c'est chiant. Alors je leur crie dessus. »
✪ *Fatou, 13 ans*

« C'est surtout difficile à cause du regard des autres, les réflexions du genre "t'as des gros seins" ou "t'as des petits seins", des choses comme ça. »
✪ *Fanny, 14 ans*

➡ TOUS LES SEINS SONT DANS LA NATURE

Autant les garçons sont angoissés par la taille de leur pénis, autant les filles s'inquiètent de la taille de leurs seins.

Trop petits, trop gros ? **Là non plus, il n'y a pas de «bonnes» mensurations.** Toutes les tailles, toutes les formes sont dans la nature… Si vraiment ils sont trop lourds et deviennent douloureux pour le dos, il faut en discuter avec son médecin.

Il est important d'avoir un soutien-gorge à sa taille, et pour l'esthétique et pour les seins. Et particulièrement pour le sport. Faire du sport ne les fera pas grossir, mais ça renforce les muscles et donne un bon maintien à la poitrine.

RÉPONSES DE PROS

« QU'EST-CE QUE C'EST QUE CE SEIN PLUS GROS QUE L'AUTRE ? »

On n'est jamais parfaitement symétrique. Ce qui est valable pour le visage, ou pour les pieds, l'est aussi pour les seins : ils ne sont jamais exactement pareils. **Quand ils poussent, la différence peut être plus visible, mais elle s'atténuera peu à peu.**

mon corps, j'en

➡ SOINS DU CORPS

Avec la puberté, la transpiration augmente et le peau devient grasse. Une bonne douche et on se sent tout de suite mieux. Une haleine bien fraîche après chaque repas et ça repart pour de nouveaux sourires impeccables ! Des vêtements et des sous-vêtements propres et confortables et on se sent tout de suite plus à l'aise. **Le sexe se lave comme le reste du corps.** Utiliser de l'eau et un savon neutre permet de ne pas agresser la peau. Penser à se sécher car les microbes se développent en milieu humide. Pour les garçons, il faut penser à décalotter le gland, c'est à dire ramener en arrière le prépuce. Pour les filles, la vulve doit être lavée de l'avant vers l'arrière pour éviter de ramener les microbes de l'anus. L'intérieur du vagin est autonettoyant : le laver serait ôter sa protection naturelle.

CREVER OU NE PAS CREVER L'ABCÈS ?

➡ LA GUERRE AUX BOUTONS

L'acné et les points noirs, quelle plaie ! On n'a qu'une envie, c'est de percer tout ça pour qu'ils s'en aillent. Seulement, gare aux cicatrices ! La seule vraie solution, c'est de bien se laver le visage tous les jours et de prendre son mal en patience et relativiser si ils ne sont pas si visibles que ça. **Si c'est trop envahissant, on en parle à son médecin** qui, au besoin, proposera un traitement.

prends soin

➡ BIEN DORMI ?

À l'adolescence, on va avoir tendance à se coucher plus tard, parce que le soir c'est le moment où on est tranquille à écouter la radio, à regarder la télé, à chatter sur Internet… Le problème, c'est que les horaires scolaires, eux, ne bougent pas ! Alors on se « décale », et on dort moins. **Or, le sommeil, c'est aussi important pour l'organisme que de bien manger ou de faire du sport !** Nos besoins de sommeil sont différents selon les âges, mais aussi selon les personnes : certains « gros dormeurs » ont besoin de dix heures de sommeil par nuit, d'autres, de huit heures seulement. Chacun, chacune doit apprendre à connaître et à respecter ses rythmes. Mais dans tous les cas, une nuit de cinq ou six heures, c'est trop court pour récupérer.
Et puis **le sommeil, c'est le reflet de notre bien-être**. Se coucher très tard, avoir beaucoup de mal à s'endormir, ou avoir un sommeil « agité », se réveiller la nuit, c'est peut-être le signe que quelque chose ne va pas et ça vaudrait la peine d'en parler, par exemple à ses parents, son médecin…

➤ AU PAYS DES RÊVES

Pour bien dormir, **on évite tout ce qui « réveille » l'organisme à l'heure où il devrait se détendre** : donc pas d'excitants (café, thé, cola… et même la télé et l'ordinateur) après 19 heures et, si possible, pas de sport après 20 heures.
À savoir : l'alcool et le tabac (voir page 54) sont aussi des excitants…
À éviter aussi, une fois au lit, tout ce qui maintient le corps dans une certaine tension : grignotage, télé, ordinateur. **Il n'y a que la lecture qui prépare** vraiment au sommeil… à condition, bien sûr, de ne pas lutter contre les paupières qui se ferment !

QUAND ON DORT C'EST COMME SI ON RECHARGEAIT NOS BATTERIES…

HUIT HEURES MINIMUM BONJOUR L'AUTONOMIE POURRIE

« DORMIR, ÇA SERT À QUOI ? »

RÉPONSES DE 1

Dormir, c'est ce qui permet au corps de se construire… et de se réparer. Pendant le sommeil, le corps et le cerveau « intègrent » ce qu'ils ont appris dans la journée. C'est le moment où la mémoire se fixe, où les émotions s'organisent, grâce aux rêves. Et puis quand on est privé de sommeil, on est moins vigilant, souvent de mauvaise humeur, ça peut provoquer des malaises… Enfin, dans l'enfance et pendant la puberté, **c'est quand on dort qu'on grandit le plus**, car c'est pendant le sommeil que le cerveau produit le plus d'hormone de croissance. C'est dire si c'est important !

mon corps, j'en

➡ **SUR LA BALANCE**

Pendant la puberté, quand la croissance est rapide, le poids a tendance à se normaliser, surtout si on était un peu « rond » avant. Mais parfois l'anxiété, le travail scolaire, les bons moments avec les copains font qu'on grignote un peu n'importe quoi ! Et on se retrouve d'autant plus vite en surpoids qu'on arrête de faire du sport. Naviguer d'un régime « miracle » à un autre n'est pas une solution : le poids perdu risque de revenir en un rien de temps. **Faire du sport régulièrement, faire attention à ce qu'on met dans son assiette, à varier les aliments, ça demande plus de temps mais c'est beaucoup plus efficace.**

prends soin

➡ TROP GROS, TROP MINCE ?

Avoir quelques «rondeurs» dont on voudrait bien se débarrasser, c'est une chose. Mais parfois, qu'on n'arrive pas à gérer ses émotions et qu'on compense avec la nourriture, ou parce qu'on se restreint, qu'on s'interdit certains aliments puis qu'on craque, on peut perdre complètement le contrôle de ce qu'on mange: c'est la boulimie. **On peut alors se retrouver avec un vrai souci d'obésité :** et comme on ne se sent pas bien dans son corps, on mange pour se consoler... C'est un cercle vicieux. À l'inverse, certaines filles et certains garçons, obsédés par l'idée d'être minces, se font maigrir: soit elles et ils ne mangent pas assez, soit – c'est fréquent – elles et ils mangent trop... et se font vomir.

Ça s'appelle l'anorexie mentale, et c'est une vraie maladie, qui met leur santé en danger. Dans les deux cas c'est difficile de s'en sortir tout seul. Avec l'aide de son médecin traitant, on peut réapprendre à bien manger, à se dépenser. Et avec un psychologue, on pourra essayer de comprendre ce qui nous rend malheureux, ce qui est caché derrière ce problème de nourriture...

➡ IL Y A DES RETOUCHES!

On aimerait bien avoir l'air aussi «cool» que les filles ou les garçons des pubs: ventre ultra-plat pour filles très fines, gros pectoraux pour garçons de rêve. Parfois, on s'en rend malade: certains ados sont tellement persuadés d'être «trop gros» qu'ils cherchent de se faire maigrir au point de se mettre en danger. Mais les apparences sont trompeuses! Entre les photos retouchées des magazines et la réalité, il peut y avoir de sérieuses différences. Il est si facile de faire passer quelqu'un de normal pour un top model. Ces photos sont truquées n'ont qu'un but: faire vendre des vêtements, des crèmes, des lunettes de soleil. **La perfection n'existe pas; dans la vie, une «bonne» silhouette, c'est celle dans laquelle on se sent bien et en bonne santé.**

bien dans ses bas

> ALORS TU VIENS ?!

➥ AVOIR « LE LOOK »

Tous les ados, filles comme garçons, le disent : le look, c'est très important. Parce qu'on a envie de plaire, d'être « cool » et, souvent, d'être comme les autres. **Attention à ne pas se laisser envahir !** Vouloir à tout prix la dernière paire de baskets à la mode, ou se moquer de celui ou celle qui ne les a pas, c'est se laisser manipuler par les marques. N'oublions pas qu'on peut être bien dans sa peau, donc bien dans sa tête, de plein de façons différentes, sans forcément avoir tel ou tel vêtement et sans ressembler aux mannequins des magazines.

➥ JOUER À LA GRANDE ?

Petite, on aimait bien jouer à la grande. À la puberté, on se prépare, on se maquille, on adopte une démarche. On paraît être presque une femme. Cela peut-être pris comme une forme de séduction ou comme une provocation et même devenir dangereux. On apprend à s'habiller en fonction des circonstances (rue, collège, fête, transports...).

➥ VA Y AVOIR DU SPORT !

Pratiquer un sport régulièrement, c'est un excellent moyen d'être bien dans son corps. **Ça fait du bien à tout : les os, les muscles, le cœur, les poumons...** En prime, ça peut permettre d'évacuer un peu de cette énergie qui nous submerge parfois. Dans la variété de ce qui existe, tout le monde peut trouver une activité physique à son goût. Attention quand même à ne pas trop forcer la dose : en puberté, **il faut respecter les rythmes de la croissance.** Un médecin du sport peut aider à trouver la bonne mesure. Quant à l'utilisation de produits (médicaments par exemple) pour améliorer ses performances, si c'est interdit, c'est parce que c'est dangereux.

▸ BOURRÉS DE COMPLEXES

Ce corps qui change, souvent, on aimerait qu'il soit différent. On se trouve trop grand, trop petit, trop gros, trop maigre... On trouve qu'on a trop de boutons... Des seins qui poussent trop vite... Pas assez de poils, ou trop... Les complexes, tout le monde en a plus ou moins, mais à l'adolescence, ils peuvent être envahissants. Heureusement, eux aussi ils évoluent, au fur et à mesure ils prendront moins de place, ils disparaîtront... **Être bien dans son corps, ça se construit petit à petit.** Mais entendre toujours les mêmes moqueries, ça peut faire qu'un complexe s'installe et sera plus difficile à chasser. Balancer des « vannes » sur son physique à quelqu'un peut faire plus de mal qu'on ne croit : il faut y penser.

témoignages C'est ce qu'on dit !

« On fait très attention à notre apparence, on ne peut pas se négliger. Il y a ceux qui s'habillent mal et ceux qui s'habillent bien, mais même ceux qui s'habillent mal, en fait, c'est un style. Par les vêtements, on sait beaucoup de choses. »
✪ *Lauryn, 15 ans*

« Des fois, on s'habille plus "fashion", des fois, plus sport. En un an, ça peut changer deux, trois fois ! Avec mes copains, ça va, on n'est pas obsédés par ça, mais dans d'autres groupes, ça peut être plus difficile. »
✪ *Lilian, 16 ans*

« Il y a des gens qui se jugent eux-mêmes par rapport aux jugements des autres, par exemple si quelqu'un dit "t'es pas belle", la fille va se trouver moche. »
✪ *Sabrina, 15 ans*

« Quand on rencontre un garçon ou une fille, le look, c'est la première chose qu'on voit. C'est peut-être pour ça que j'essaie de faire attention. »
✪ *Julia, 15 ans*

être ado, ça veut

❯ HISTOIRE ET GÉO

Aussi étonnant que ça puisse paraître, l'adolescence n'a pas toujours « existé », au sens où elle n'était pas reconnue comme une période particulière de la vie. **Avec le déclenchement de la puberté, on devenait adulte presque du jour au lendemain.**
Au Moyen Âge, les parents pouvaient marier leur fille à partir de douze ans et leur fils à partir de quatorze ans ! L'âge légal du mariage a beaucoup changé, il est aujourd'hui de dix-huit ans.
Et puis **l'adolescence se vit différemment selon les pays et les continents**. Dans certaines cultures, dès qu'une fille a ses règles, elle est considérée comme une femme, et dès qu'un garçon est pubère, il a les mêmes droits que les hommes adultes.

➥ DEVENIR ADULTE

Qu'est-ce que c'est, être adulte ? Avoir tel ou tel âge ? Avoir terminé sa croissance ? Pouvoir faire ce qu'on veut ? Avoir un travail ? Fonder une famille ? Se débrouiller tout seul ? Être « sérieux » ?
En voilà des questions ! Et des questions auxquelles il n'y a pas de réponses faciles.
Pour la loi, on est « majeur », c'est-à-dire complètement responsable de ses actions, à dix-huit ans. Pour la biologie, on est adulte quand on a fini de grandir. Et pour beaucoup de gens, « être adulte », c'est avoir « de la maturité ». Ce qui est beaucoup plus compliqué à définir !
Devenir adulte, c'est aussi se poser toutes ces questions, et apprendre à y donner ses propres réponses.

dire quoi ?

« LA PUBERTÉ ET L'ADOLESCENCE, C'EST PAREIL ? »

ON SAIT JUSTE QU'ON FINIRA PAS COMME NOS PARENTS !

RÉPONSES DE PROS

La puberté, c'est la mise en place de la fonction de reproduction, avec, pour les filles, les règles, pour les garçons les éjaculations, et pour les deux un cortège de petits désagréments (acné, sensations nouvelles, etc.). Cela entraîne des préoccupations corporelles très importantes.

On se regarde tout le temps dans le miroir ou, à l'inverse, le moins possible. L'adolescence arrive quand on quitte peu à peu ces obsessions du corps : **on commence à s'intéresser aux autres comme des personnes différentes,** complémentaires, « étranges » ; on s'investit dans d'autres groupes que sa famille (une équipe sportive, un groupe de musique, un conseil de jeunes…). On peut dire qu'à la puberté on est plutôt un « ado naissant », pas tout à fait encore un adolescent…

C'est ce qu'on dit !

témoignages

« À l'adolescence, on commence à être plus sérieux, on se pose plus de questions importantes, on fait moins attention à des choses bêtes. Je n'ai pas trop hâte de devenir adulte. Je vis l'instant présent. » ✪ *Ryan, 16 ans*

« Avant, j'étais nerveuse à la moindre provocation, maintenant je suis plus calme. C'est surtout le rapport avec ma mère qui a changé. Avant, elle me disait quelque chose et je m'emportais, maintenant, on discute. Je prends plus mon temps pour comprendre mes erreurs. Les changements dans la tête, c'est positif. » ✪ *Laure, 15 ans*

« L'adolescence, c'est les "meufs", les sorties, faire la fête, profiter de la vie… On se détache un peu des parents. L'adolescence, c'est le collège, les amis, c'est plein de choses comme ça. » ✪ *Bilal, 14 ans*

être ado, ça veut

témoignages

C'est ce qu'on dit !

« L'adolescence, ça commence quand tu veux t'éloigner des gens de ta famille et ça finit quand tu veux t'en rapprocher de nouveau, quand tu deviens adulte. Pour moi, ça commence un peu en ce moment. Je sors plus souvent, je reste moins avec mes parents, j'ai plus souvent envie de m'enfermer seule dans ma chambre avec ma musique. » ✪ *Sophie, 14 ans*

« À l'adolescence, on découvre de nouvelles choses. Avec les filles, ça change, on les découvre mieux. Les parents, on les comprend moins. Ils nous regardent encore comme des enfants, on voudrait plus sortir mais ils ne veulent pas. » ✪ *Xavier, 16 ans*

▶ LES CLICHÉS

Début 2007, un institut de sondage a interrogé des ados et des adultes : 57 % des parents pensaient que les ados vont souvent mal, alors que 19 % seulement des ados se disaient mal dans leur peau. Autre chiffre qui fait réfléchir : 71 % des ados pensaient que les adultes ont une mauvaise image d'eux, alors que 86 % des adultes ont dit avoir une bonne image des ados. **Les clichés ont la vie dure !**

dire quoi?

➥ C'EST LA CRISE!

« Tu fais ta crise d'ado » : ça, les parents ou les profs le pensent, et souvent, ils le disent. On a l'impression de ne pas être compris. Ce qui est à la fois très vrai, parce qu'ils ne sont pas dans notre tête, et assez faux, parce que, en général, ils savent bien que la « crise d'ado » est un passage inévitable et nécessaire. Devenir adolescent, c'est, d'une certaine façon, « renégocier » ses relations avec les adultes. **Trouver la bonne distance** n'est facile pour personne, mais c'est comme ça qu'on se construit et qu'on grandit.

ma famille et moi

➤ QUAND LES MOTS MANQUENT...

Même quand on « s'entend bien » avec ses parents, ça ne veut pas dire qu'on arrive à se parler. Et ça peut faire souffrir. Par exemple : « Ma mère, je ne lui raconte rien, de toute façon elle ne m'écouterait pas. » Ça ne signifie pas que le parent ne s'en soucie pas. Simplement, **on n'est pas tous égaux devant les mots.** Certaines personnes gardent ce qu'elles ressentent en elles-mêmes, parce qu'elles ont le sentiment que « ça ne se dit pas » ou qu'elles ne sauraient pas bien exprimer leurs émotions. Les parents peuvent aussi avoir peur de ne pas respecter l'intimité de leur enfant. On peut écrire, pour se « lâcher » un peu, notamment quand le manque de parole rend trop malheureux. Parfois on a honte de parler à ses parents, parce qu'on pense qu'on va les décevoir. Mais les parents sont là justement pour aider dans les moments difficiles.

Parler quand c'est difficile, c'est faire preuve de maturité.

➡ TOUT SE COMPLIQUE !

Parents et enfants, dès que commence la puberté, ça devient tout de suite plus difficile. Pour certains parents, ça n'a rien d'évident de voir leur enfant grandir, de le regarder devenir un homme ou une femme. Sans compter qu'ils s'inquiètent pour tout : nos notes, nos fréquentations, nos sorties…
Chaque parent va réagir différemment.
Côté ados, on ne voit pas les choses avec les mêmes yeux. On voudrait sortir quand on veut, ne pas être « fliqués ». On voudrait qu'ils nous parlent plus ou, au contraire, qu'ils arrêtent de nous poser toutes ces questions… parfois dérangeantes et auxquelles on n'avait même pas pensé !

témoignages

C'est ce qu'on dit !

« Mes enfants savent que ma préoccupation majeure est d'éviter qu'ils se mettent trop en danger. Je leur répète d'ailleurs souvent qu'ils sont précieux et que je tiens à eux !
Un exemple ? Ils ont toujours aimé pratiquer des sports à sensations : roller sur rampe, BMX, snowboard, surf…
Je les ai toujours encouragés, mais en exigeant qu'ils mettent toutes les protections nécessaires pour limiter les risques d'accidents graves. Mon objectif final étant bien sûr que leur réflexion les amène à prendre spontanément ces initiatives de protection. »

✪ Mme Z., mère de deux garçons de 14 et 20 ans

ma famille et moi

➡ ADOS, ON A DES DROITS

Avant dix-huit ans, on est mineur. Ce sont nos parents qui sont responsables de nous et qui décident de beaucoup de choses à notre place : **c'est « l'autorité parentale ».**
Mais les enfants aussi ont des droits.
En novembre 1989, les Nations unies ont adopté la Convention internationale des droits de l'enfant, qui garantit aux personnes non majeures des droits que les États s'engagent à faire respecter : par exemple, le droit de vivre avec ses parents, le droit de s'exprimer, le droit d'avoir une religion ou de ne pas en avoir, le droit au respect de sa vie privée, le droit d'être informé, le droit à la santé, à l'éducation, aux loisirs, la protection contre les discriminations. La France est signataire de ce texte.

➡ PROTÉGER... OU ÉTOUFFER ?

La famille, ce sont aussi les frères et sœurs, qui voudraient parfois tellement nous protéger… qu'ils nous étouffent. Or, un grand frère n'a pas à faire le « tri » dans les fréquentations de sa petite sœur, ni à surveiller son emploi du temps : parce qu'elle peut faire ses propres choix, et que la liberté qu'il se donne, elle aussi y a droit. Surtout, il n'a pas à remplacer les parents. Pour l'équilibre de la famille, il ne doit pas changer de place dans les générations : **un frère n'est pas un père !**

> ### LE JUGE DES ENFANTS
>
> Le juge des enfants, c'est la personne qui, dans la justice française, s'occupe des moins de dix-huit ans. Sa fonction est double : d'un côté il sanctionne les infractions commises par des mineur/es, de l'autre **il est aussi chargé de les protéger** s'ils sont en danger, physique ou moral, si leur santé ou leur sécurité est menacée, s'ils sont privés de soins.

➡ PARLER QUAND ÇA VA MAL

Si on vit une pression trop forte dans sa famille, si on se sent menacé/e dans son corps ou dans sa tête, **il ne faut pas rester seul/e.** On peut se confier à ses amis, bien sûr, on peut aussi avoir besoin de trouver **un adulte de confiance.** Une personne de la famille, une infirmière scolaire, un médecin, un prof, une assistante sociale sauront nous écouter et nous orienter. Il est aussi possible d'aller sans rendez-vous dans une Maison de l'adolescent.
En cas d'extrême urgence, il y aura toujours quelqu'un pour nous écouter au numéro 119 ou à celui du Fil Santé Jeunes (0800 835 836).
La situation sera évaluée par une assistante sociale ou le service de l'aide sociale à l'enfance. Si besoin, le juge des enfants sera contacté.

les copains, les co

témoignages

➡ LE TEMPS DES COPAINS

Pour la grande majorité des ados, **l'amitié, c'est es-sen-tiel !** On ne se quitte pas, on fait tout ensemble, on passe des heures à parler. On se raconte nos problèmes. On vit des expériences qui se ressemblent. Parce que chacun, chacune a besoin de **partager ses émotions, ses envies, ses angoisses, ses goûts.**

C'est ce qu'on dit !

« Les vrais amis, ce sont ceux qui nous disent qu'il y a toujours pire que nous, que la vie continue, que les mauvais moments sont là pour être avant les bons. » ✪ *Mélyssa, 15 ans*

« Il faut se confier, parce qu'après, ce sera trop tard. Par exemple, si on est avec une fille et si on a un ami à qui on se confie tout le temps, dès qu'il y aura un problème avec cette fille, il pourra nous donner des conseils, ou aller voir la fille. Il trouvera une solution. » ✪ *Jérémie, 16 ans*

« Je n'ai pas spécialement d'amis plus proches. Je n'ai jamais eu à faire de confidences, c'est pas trop mon genre. Ce sont plutôt les filles qui se confient des trucs entre elles. » ✪ *Yassine, 16 ans*

« J'ai un ami garçon, depuis dix ans, et des copines. Je m'entends mieux avec les garçons qu'avec les filles. Entre filles, c'est hypocrite, il y a trop de jalousies, de mesquineries. Les filles, elles ont ce truc en elles d'aller chercher à se comparer à leurs copines, de vouloir être mieux, d'avoir un truc que les autres n'ont pas… Les garçons sont plus détachés de tout ça, ils sont plus dans leur délire. » ✪ *Élodie, 15 ans*

➥ UNE AMITIÉ, DES AMITIÉS

L'amitié, c'est différent pour chacun. On peut avoir un ami ou une amie très proche, à qui on va raconter ses secrets, des choses intimes. Ou bien plein de copains ou de copines à qui on ne se livrera pas complètement. Ou bien les deux à la fois… ou rien de tout ça. On peut se sentir mieux avec les filles, même si on est un garçon, ou plus à l'aise avec les garçons, même si on est une fille. Avec ses amis, on partage beaucoup de joies mais ils peuvent, parfois, nous créer de grands chagrins, quand on se sent trahi. Et puis, l'amitié évolue avec le temps. On ne se comporte pas de la même manière à huit, onze ou seize ans, mais quelquefois, **il faut savoir accepter que quelqu'un nous tende la main.**

les copains, les co

➥ LES AUTRES SONT LÀ POUR NOUS

Les copains et les copines, ce sont ceux et celles avec qui on a envie de partager du temps et des conversations. On va au ciné ensemble, au fast-food ensemble, faire un foot ensemble, dormir chez les uns ou les autres, on dit du mal – des profs, des parents, des autres… **On sait surtout qu'ils et elles seront là pour nous écouter,** nous consoler, nous conseiller, nous aider quand ça ne va pas.

➥ FAIRE « COMME TOUT LE MONDE » ?

Avoir des amis ne doit pas nous empêcher d'exister. Par peur de se faire mal voir, ou que les autres se moquent, on peut, par exemple, avoir honte d'aimer telle chanteuse, tel dessin animé, telle série. Se sentir obligé de faire telle ou telle chose pour faire « comme tout le monde », alors qu'on sait que c'est interdit, dangereux ou cruel. Pourtant, se laisser influencer par les autres n'est ni une obligation, ni une fatalité. **On peut aussi être vigilant et se protéger les uns les autres entre copains et copines.**

➥ CHACUN SA VIE !

Chacun, chacune d'entre nous a le droit d'avoir ses goûts, ses envies, ses opinions. Le fait que les humains soient différents, c'est une source de richesse : si tout le monde pensait la même chose, ce serait très ennuyeux ! **Exprimer ses différences n'est pas toujours facile,** parce qu'on a peur d'être jugé, mis de côté par ses copains ou ses copines. Mais savoir résister à la pression, c'est montrer son indépendance. Être capable de dire non, c'est une belle preuve de courage et de responsabilité. **C'est aussi se sentir exister, avoir une opinion.**

C'est ce qu'on dit !

« Les garçons, quand ils sont avec leurs copains, ils se la racontent. Quand ils sont tout seuls, ça va mieux. »
✪ *Aminata, 14 ans*

« Les copains, les copines, pour certains, c'est leur vie. Mais parfois il y a des problèmes. Par exemple, des copines qui nous "engrènent" pour faire un truc, après, s'il y a des soucis, elles vont dire : "On n'est pas dedans, on ne t'a jamais mis un couteau sous la gorge pour nous suivre..." C'est tout le temps des trucs comme ça. Plus on grandit, plus on réfléchit et on se dit qu'il y a un temps pour les amis, pour rigoler, pour jouer, mais on a notre vie à côté et il faut être sérieux. »
✪ *Kenza, 15 ans*

« Le défaut des garçons, c'est leurs potes. Ils sont tout le temps derrière leurs potes, leurs potes passent avant... Quand ils sont avec leurs potes, on dirait qu'ils ont de l'assurance, rien ne peut les détruire, ils se sentent forts, je ne sais pas pourquoi. Alors que quand ils sont tout seuls, ils sont normaux. »
✪ *Mélanie, 15 ans*

témoignages

les filles et les ga[rçons]

➤ BEAUCOUP DE CHANGEMENTS

À l'adolescence, entre filles et garçons, ça devient plus compliqué. Les différences physiques s'accentuent, et on peut être tenté d'en rajouter un peu. Parce que, garçons d'un côté, filles de l'autre, on reste un peu entre nous. **Parce que, de plus en plus, on est attiré… et que parfois on a peur.**

➤ EST-ON SI DIFFÉRENTS ?

Garçons et filles, on ne se regarde plus de la même façon. **On se voit plus différents qu'on ne l'est en réalité.** Comme si les différences physiques entraînaient forcément des différences de comportement : les filles seraient sentimentales, trop compliquées, nulles en sport ; les garçons ne penseraient « qu'à ça », ne réfléchiraient jamais, seraient dissipés en classe… et si on arrêtait de vouloir ranger tout le monde dans des cases ?

➤ À CHACUN SA PERSONNALITÉ

Chacun, chacune d'entre nous connaît une fille qui fait du foot, un garçon sérieux en classe, bref, quelqu'un qui ne « colle » pas aux préjugés. Et d'un côté comme de l'autre, on entend… la même chose : un garçon tout seul n'est pas comme avec ses copains, pour une fille, c'est pareil, parce que loin du regard des autres, on réagit différemment. Une fille ou un garçon avec son ou sa petit/e ami/e se comportera encore d'une autre manière. **Chacun, fille ou garçon, a sa propre personnalité, ses goûts, ses loisirs et mérite d'être respecté.**

ÇONS *C'est ce qu'on dit !*

témoignages

« La plupart des garçons ne sont pas comme ils veulent le montrer. Quand on voit comment, avec certains, ça part tout seul dès qu'on leur pose une question, on voit bien qu'ils ne sont pas assez écoutés. Ils sont comme ils sont, mais ce qu'ils montrent, c'est une mentalité, de fausses images. On les met tous dans le même sac, mais il y a plein de garçons qui aiment discuter. Il faut savoir regarder plus loin que le bout de son nez. » ✪ *Louise, 15 ans*

« Bien sûr qu'on est différents, mais pas tant que ça. Quand on voit les discussions des garçons, les discussions des filles, c'est la même chose. Par exemple nous, on parle des filles, elles parlent des garçons. Quand on parle de la télé, elles parlent de la télé. »
✪ *Kader, 15 ans*

« Les filles se confient plus, elles se confient à nous, mais elles parlent trop, elles ne veulent jamais nous entendre parler. Le problème des garçons, c'est que quand on est avec des copains, on fait moins attention aux filles que quand on est avec elles. Les filles nous voient comme des "vicieux", alors qu'on n'est pas tous comme ça. Avec les filles maintenant, je suis plus calme et je rigole moins. Il faut moins être "gamin". »
✪ *Cédric, 16 ans*

TU CROIS QUE JE ME PARFUME ENCORE OU C'EST UN PEU TROP ?

IL EST OUF TON PARFUM

les filles et les ga[rçons]

RÉPONSES DE PROS

« POURQUOI LES GARÇONS PARLENT MAL AUX FILLES ? »

TOUTES DES P____ !

Les mots servent à parler pour dire quelque chose ou entrer en contact avec quelqu'un… Pas facile lorsqu'on se sent immature et « bête » face à une fille qui ressemble à une femme !
Les mots servent à exprimer une pensée, une émotion, un ressenti… Ils peuvent être gentils ou méchants, doux ou violents.
Ils peuvent être longtemps réfléchis avant d'être dits ou être éjectés de la bouche sans avoir été pensés…
Les mots nous parlent, ils partent de nous. Mais parfois ils dépassent notre pensée : on « lâche » des injures, sans avoir réfléchi à la portée des mots. Ils agressent le corps et l'esprit de celui ou celle qui les reçoit.
Les injures qui disent des émotions, on doit apprendre à les maîtriser pour dire ce qui nous tient à cœur ou nous prend la tête.

TU RESTES VOIR LE MATCH ?

J'PEUX PAS… J'AI MON COURS DE DANSE

➥ LES INÉGALITÉS

D'après la loi, les femmes et les hommes sont égaux. Ça ne veut pas dire qu'ils sont pareils, mais qu'ils ont les mêmes droits. Dans la réalité, les choses sont plus compliquées. Un garçon qui change souvent de petite copine, c'est un « gosbo », si c'est une fille, c'est une « salope » : on peut quand même se demander pourquoi ! Est-ce que c'est normal que beaucoup de filles ne puissent pas s'habiller comme elles veulent sans subir des insultes ? Que beaucoup de garçons se sentent obligés de jouer les « durs » en permanence ?
L'égalité, la vraie, c'est quand chaque personne est libre de mener sa vie comme elle l'entend, de faire ses propres choix sans être en permanence jugée, voire insultée.

SAUF TA SŒUR, MA COUSINE, LA MEUF DE MON FRÈRE ET SA COPINE MOUNIA, NI CHLOÉ ET CAROLINE NI SABRINA, FATOU...

C'EST QUOI CE LOOK ?!

JE VAIS EN EXPÉDITION CHEZ LES FILLES

▶ DES MOTS QUI FONT MAL

« Pute », « salope », « chienne », « bonne » : les mots (des garçons, mais pas seulement) envers les filles peuvent être parfois très crus. Ils désignent les filles comme des objets sexuels, pas comme de vraies personnes. **Ils leur nient la liberté de vivre leur vie**, une liberté plus facilement accordée aux garçons.

Les garçons aussi peuvent se heurter à des mots crus. Il suffit d'être un peu différent, de préférer les bouquins aux jeux vidéo, pour se faire traiter de « pédé ». « Nique ta mère », « mange tes morts », « victime » sont des insultes qui partent vite quand un garçon ne se conforme pas au comportement qu'on attend d'un « vrai mec ».

La violence des mots peut faire très mal. Elle crée de la peur et de l'incompréhension. **Et si on résistait aux fausses images, aux jugements faciles, aux généralités bêtes ?**

C'est ce qu'on dit !

témoignages

« Dans mon quartier, il y a des garçons qui disent que je suis une "pédale", un "bolos", que je suis un intello... Ils ne savent même pas mes notes. Mais j'aime le théâtre, alors je suis "une pédale"... »
✪ *Adel, 14 ans*

« J'ai remarqué que la vie est compliquée par rapport aux autres gens qui n'ont pas la même pensée que toi. Par exemple, si on ne veut pas se battre, il y en a qui vont dire "t'es une tapette", "t'as peur" alors qu'on n'a pas envie simplement parce qu'on pense que ça ne sert à rien. »
✪ *Sabrina, 15 ans*

« Des fois, les garçons ont des mots assez crus, mais les filles non plus, elles ne rigolent pas. Quand elles parlent des garçons, elles disent : "Il est trop moche, il s'habille comme un clochard." »
✪ *Sébastien, 15 ans*

PRINCESSE GAZELLE DÉESSE

réseaux sociaux

➡ JE PARTAGE DONC JE SUIS

Je recherche des infos, je découvre des artistes, de la musique, je publie des photos, des textes, je crée un blog : je partage ce que j'aime. En racontant ce qui se passe dans ma vie, je m'expose à être « liker » ou pas, à faire rire tout le monde ou pas.

Je choisis aussi ce que j'ai envie de garder privé et ce que je ne veux pas publier sur le net. Je paramètre, je choisis mes amis. Toutes les infos restent longtemps et peuvent être utilisées par tous. Je fais attention aux règles de confidentialité. Tous les sites ne se valent pas, il faut aussi rester attentif à fréquenter des sites fiables.

➡ MON IDENTITÉ, MON IMAGE, CELLE DES AUTRES

Derrière mon écran, je suis tout sauf invisible. Ce que je partage peut circuler entre mes amis et à travers le monde. Même avec un pseudo, surfer laisse des traces et de toute façon, il est possible de retrouver tout le monde par son adresse IP. Alors, tout chateur, par exemple, est responsable de ce qu'il poste ! Ce que l'on dit sur Internet a la même valeur que ce que l'on dit dans une conversation. Ce que je partage va circuler très longtemps, je ne le contôle plus et ce peut être très difficile voire impossible de le supprimer par la suite. Et moi ? Est-ce que l'année prochaine, je ne vais pas trouver cette photo un peu ridicule... **Et puis une identité, ça se vole, alors je ne transmets jamais mes mots de passe, ni mes identifiants.**

internet

> **DU CÔTÉ DE LA LOI**
> La loi sur Internet est très proche de la vraie vie : tout propos portant atteinte à une personne – comme le racisme, le sexisme ou l'homophobie –, est interdit. Ce qui signifie aussi que, si j'en suis victime, il existe des moyens légaux pour me défendre. Si les réseaux sociaux sont interdits aux moins de 13 ans, c'est que certains contenus peuvent être inadaptés aux enfants.

➡ QUAND ÇA DÉRAPE...

Le cyber-harcèlement existe et il peut prendre divers formes : insultes, méchancetés, menaces... Il peut même conduire à rencontrer un prédateur sexuel ou tomber sur un site dont les images ne sont pas pour moi (violence, pornographie). **Dès qu'une image ou un propos me choque ou me fait peur, je quitte Internet, je supprime le contact et je vais en discuter avec un adulte.**

Les vidéos d'agressions dites « happy-slapping » laissent des traces sérieuses sur la personne humiliée et sur ceux qui y participent. Cela est fortement puni par la loi, et toute personne qui y participe peut-être retrouvée et lourdement sanctionnée.

savoir se préserver

➡ EXPÉRIENCE OU DÉPENDANCE ?

Parce qu'à l'adolescence on a envie d'avoir de nouvelles sensations, on peut être amené à essayer des produits qui nous mettront dans un « drôle d'état » : alcool, cigarettes, voire des médicaments, des produits qui « explosent la tête » et aussi des drogues interdites par la loi, comme le cannabis.

Tous ces produits agissent sur notre cerveau : on peut perdre sa motivation pour les choses du quotidien (comme aller en classe), oublier la réalité (surtout si elle est dure), faire des choses dangereuses ou stupides et, parce qu'on est moins vigilant, devenir vulnérable aux agressions, y compris sexuelles. On peut en venir à prendre des produits toujours plus forts et plus dangereux, pour retrouver les sensations. On devient prisonnier de ces produits et ce sont ceux qui les vendent, et qui manipulent les consommateurs, qui en profitent.

RÉPONSES DE PROS

« LE CANNABIS, ÇA FAIT QUOI ? »

Comme toutes les substances qui agissent sur le cerveau, le cannabis peut avoir des effets sur la santé. Il diminue la concentration, ralentit les réflexes ; consommé régulièrement, il perturbe la mémoire, rend difficile d'assimiler les apprentissages. Il existe aussi un risque de « bad trip », quand on en consomme trop, ou qu'on est fatigué ou vulnérable. Enfin, la dépendance au cannabis, ça existe : elle est surtout psychologique, mais aussi difficile à combattre.

❯ PRÉMIX : NE PAS SE FAIRE AVOIR !

Les « prémix », ce sont ces mélanges d'alcool et de soda vendus tout prêts dans le commerce : vodka-pomme, whisky-coca, etc. Ils ont l'air inoffensifs, mais il faut savoir qu'une canette d'un « prémix » équivaut, en alcool, à un verre de vin rouge. En plus, le sucre contenu dans la boisson accélère l'effet de l'alcool, en même temps qu'il masque son goût. En résumé : ça se boit « comme du petit lait »… mais ça a des effets beaucoup plus sérieux, qui peuvent même être graves si on va vraiment trop loin (coma éthylique, par exemple).
Pas la peine de se le cacher : avec leurs recettes au goût sucré et leurs emballages « flashy », **les fabricants de « prémix » visent clairement le porte-monnaie des ados.**
Encore un piège à déjouer !

➡ SORTIR DE L'ENGRENAGE

Parfois on a commencé… et on ne sait plus comment s'arrêter. C'est bien le problème : quand on a l'habitude de consommer un produit, on ne se débarrasse pas de cette dépendance du jour au lendemain. Pour ça, **il ne faut pas hésiter à en parler avec ses parents ou à s'adresser à des professionnels, si avec les parents c'est trop difficile.**
Il existe des numéros anonymes (voir encadré) qui permettent de prendre un premier contact et de demander des conseils. On peut aussi les appeler pour savoir comment aider un copain ou une copine qui se drogue.

> ❯ PLUS D'INFOS ET D'AIDE
> • Drogues Info Service : 0 800 23 13 13
> • Tabac Info Service : 0 825 309 310
> • Écoute alcool : 0 811 91 30 30
> • Écoute cannabis : 0 811 91 20 20

C'est ce qu'on dit !

témoignages

« La meilleure façon d'assumer, c'est de se dire : je le fais pour moi, pas pour les autres. Je ne vais pas choisir par rapport à leurs goûts. Il faut essayer de vivre pour soi. » ✪ *Mélina, 15 ans*

« Quand on est ado, on manque d'expérience. Par exemple, si quelqu'un de douze ans veut faire un truc et que quelqu'un de soixante lui dit : "Non, le fais pas", s'il dit ça, c'est parce qu'il a vécu plein de choses, il a fait des bêtises, il sait mieux, mais on ne voudra pas forcément l'écouter. » ✪ *Sabri, 15 ans*

« Quand par exemple, dans un groupe, il y en a un qui propose de "sécher", il peut influencer les autres, il y a une tentation. On est tous un peu comme ça, on peut influencer ou être influencé. » ✪ *Céline, 15 ans*

dépendance aux

➥ LES ÉCRANS

Les écrans sont partout : télé, ordi, tablettes, portables... Ils permettent d'écouter de la musique, de jouer, de rechercher des infos, d'apprendre plein de choses et puis, d'être en contact avec ses amis. **Bien souvent, le temps passe si vite devant un écran que l'on ne s'en rend même pas compte.** On se met alors à manger devant son écran, à avoir mal au dos, à manquer de sommeil. Il se peut que les résultats scolaires baissent, les relations avec les autres se dégradent et les centres d'intérêt se rétrécissent : là, c'est abuser !

➥ LA CYBER-ADDICTION

L'abus d'écrans et l'addiction aux écrans, ce n'est pas la même chose. Pour savoir si on est dépendant, il existe un signe simple : si privé d'écrans, en vacances, par exemple, on ressent le besoin d'aller sur Facebook ou de manipuler son portable, alors on est addict ! Et parfois même, on témoigne d'agressivité. Autre signe de la cyber-addiction : le monde virtuel semble bien plus intéressant. Il faut alors réagir. Solutions : décider d'un budget temps-écran hebdomadaire et reprendre des activités tournées vers les amis réels.

écrans

➤ SE CASSER LES OREILLES

Porter un casque, c'est pratique pour écouter de la musique, c'est aussi une manière de montrer son goût pour la musique. Il est bien tentant de monter le volume sonore. On peut rester longtemps à écouter de la musique à plein volume sans avoir mal aux oreilles. Mais, plus tard, on se rend compte que les oreilles sont endommagées et de manière irréversible. Attention aussi aux casques fermés : c'est le meilleur moyen pour ne pas entendre les signaux sonores de la rue.

DÉSOLÉE DOUDOU ON VA PLUS DORMIR ENSEMBLE : TU M'ENVOIES TROP DE MAUVAISES ONDES...

➤ ET LES ONDES ?

Les ondes électromagnétiques se trouvent un peu partout autour de nous. Leurs effets ne sont pas encore connus sur la santé, mais il n'est pas idiot de s'en protéger : pas de téléphone sous l'oreiller, ni d'ordinateur dans le lit.

témoignages

C'est ce qu'on dit !

« Personne n'est jamais venu vérifier ce que je fais derrière mon écran. Tant que je dis, je bosse, on ne m'embête pas. Si on ne me met pas de limites, je peux passer beaucoup, beaucoup de temps dessus. Quand on se rend compte qu'on n'arrive plus à gérer soi-même le temps qu'on passe sur Internet, on sent qu'on n'est plus soi-même. Ce que j'ai fait, c'est que j'ai cherché un moyen de me réguler moi-même. J'ai fait un petit programme sur mon ordi qui me permet de déterminer le temps que je vais passer sur l'ordinateur selon l'heure de la journée et le jour de la semaine. Des fois, il éteint mon ordinateur au bout de 20 minutes. »
✪ Lola, 15 ans

« Ben, quand je joue, je suis dans une autre personne, dans autre chose. Je me sens entrer dans l'action, j'aimerais bien faire ce que fait mon personnage. C'est vraiment quelque chose de personnel. Ce que fait mon héros, un peu, quelque part, c'est moi qui le fais. Ça peut vider la tête, de jouer aux jeux vidéo. C'est une vie totalement en dehors. À petite dose, ça va ; c'est quand on ne vient plus à l'école que ça commence à être mauvais. »
✪ Karim, 16 ans

dépendance aux

➡ JEUX VIDÉO

Les jeux vidéo sont un moyen de s'amuser dans un territoire sans limites et sans adulte. Tout y est possible. En solo ou en groupe, il s'agit de créer des relations particulières avec des amis et même avec des inconnus. Mais ce monde n'existe pas dans la vraie vie ! Alors, il faut faire attention à avoir d'autres formes de loisirs, plus réels. Les parents ont raison de discuter, de donner des limites et même de poser des interdictions. Bon à savoir : les jeux vidéo sont classés par âges conseillés et des symboles indiquent leur degré de grossièreté, la présence de scènes de sexe, de violence…

Si j'obtiens un maximum de :
1 pas de soucis !
2 Je décide d'un budget temps-écrans de…… heures par jour. Je gagne donc des heures pour rêvasser ou pour relire Questions d'ados.
3 Je vais en parler avec un adulte pour trouver des moyens de m'en sortir avant que cela ne devienne trop difficile.

➥ TESTER SON INTOXICATION AUX ÉCRANS

Lors d'un repas en famille, je sors mon portable
1 Non
2 Parfois
3 Oui souvent

Je passe… heures sur Internet par jour
1 Moins de deux heures
2 Deux à cinq heures
3 Au-delà de cinq heures

Je consulte mes mails… fois par jour
1 Une fois et moins
2 Deux à cinq fois
3 En flux continu

Si je joue à un jeu en ligne, je m'arrête…
1 Pour le dîner
2 Je mange devant l'écran
3 Jamais, je ne vois pas le temps passer

Si je chate, cela peut durer… heures d'affilée
1 Moins d'une heure
2 Une à trois heures
3 Plus de trois heures

Est-ce qu'il m'arrive souvent de rester en ligne plus longtemps que prévu ?
1 Non
2 Parfois
3 Oui souvent

Est-ce qu'il m'arrive de me fâcher si quelqu'un me dit que cela le dérange que je sois en ligne ?
1 Non
2 Parfois
3 Oui souvent

J'envoie… SMS par jour
1 1 à 10
2 10 à 20
3 Plus de 20

quand ça va mal...

➦ QUELS INDICES ?

On ne prend pas forcément conscience tout seul qu'on va mal. Pourtant il y a des indices. **Quand on se renferme sur soi-même, qu'on ne parle plus à personne,** qu'on passe ses journées entières seul devant la télé ou à jouer aux jeux vidéo, qu'on refuse de manger et qu'on maigrit, ça veut dire que quelque chose ne va pas. **Devenir très agressif,** avoir envie de taper tout le monde, c'est une manière différente d'exprimer, aussi, qu'on va mal. Tout comme se faire du mal à soi-même, maltraiter son propre corps, **avoir des idées noires,** des envies de s'enfuir, de ne plus souffrir, parfois de mourir...

témoignages

C'est ce qu'on dit !

« Quand on va mal, il ne faut jamais être tout seul. Les amis, à partir du moment où ils seront là dans les pires moments, ça veut dire qu'ils seront là dans les meilleurs. » ✪ *Amel, 15 ans*

« Des fois, j'ai l'impression que je devrais plus parler pour que mes copines viennent me voir. Quand il y a des problèmes, on sait qu'on peut compter sur les amis. Mais pas toujours, il y en a aussi qui disent que c'est rien, et qui passent à autre chose. Ça dépend de la gravité du problème aussi. » ✪ *Anaïs, 14 ans*

« On se confie plus à nos amis qu'à nos parents. Une vraie amie, c'est une personne qui pourrait s'asseoir à côté de moi, m'écouter parler, et je ferais pareil pour elle, on parlerait de nos problèmes, on se défendrait mutuellement. » ✪ *Julie, 13 ans*

➡ SOYONS SOLIDAIRES

Quand on ne va pas bien, le rôle des copains, des copines, est essentiel. Ce sont eux qui vont s'en apercevoir en premier, c'est à eux qu'on va d'abord parler. Avoir un ou une ami/e qui va mal n'est pas toujours facile, on ne sait pas forcément quoi faire. Mais le simple fait d'être là, à l'écoute, c'est déjà beaucoup. **Soyons vigilants, protégeons-nous les uns les autres, et veillons sur nos copains et copines !**

➡ COMMENT AIDER ?

Certains problèmes graves peuvent rendre indispensable l'intervention d'un adulte. Être solidaire, c'est aussi pouvoir accompagner le copain ou la copine qui en a besoin auprès de la personne qui pourra l'aider – une infirmière scolaire, un médecin, une assistante sociale… – et/ou dans des lieux où on pourra l'accueillir, le conseiller, l'orienter.

INFIRMIER, INFIRMIÈRE SCOLAIRE

MÉDECIN

CONSEILLER, CONSEILLÈRE CONJUGALE ET FAMILIALE

MAISON DE L'ADOLESCENT

CENTRE MÉDICO-PSYCHOLOGIQUE

FIL SANTÉ JEUNES

…

VOIR ADRESSES PAGE 121

tomber amoureux

➜ QUAND LE CŒUR FAIT «BOUM»…

C'est quoi, l'amour ? Vaste question… d'autant plus compliquée qu'il n'existe pas de définition universelle. Il y a bien celle du dictionnaire : « mouvement de l'âme qui pousse à établir une relation intime avec un être, soit pour lui faire du bien, soit pour en recevoir de lui. » Mais ça ne suffit pas vraiment à rendre compte de tout ce qu'il y a derrière le mot « amour ».

Il y a, par exemple, l'amour qui existe entre les parents et les enfants, entre des personnes d'une même famille. Ses amis et ses amies, on les aime : l'amitié, c'est une forme d'amour.

Et puis il y a « être amoureux », ce sentiment si difficile à définir, qui fait qu'on a envie d'être avec quelqu'un, qu'on est triste quand il ou elle n'est pas là…
Même pour ça, **il y a autant de façons d'être amoureux que de personnes.**

témoignages

C'est ce qu'on dit !

« Être amoureux, c'est la plus belle chose qui existe au monde ! On ressent des nœuds dans le ventre, le cœur qui bat fort, on a envie de pleurer parfois, on ne sait même pas pourquoi ! C'est bizarre, mais c'est plaisant quand c'est réciproque. On est stressé de savoir s'il nous aime ou pas, ce qu'il fait… On a envie de voir la personne tout le temps, on l'appelle sans arrêt, ça devient une obsession. »
✪ *Maeva, 15 ans*

« Être amoureux, ce n'est pas comme dire "je sors avec elle, c'est ma meuf, elle est trop bonne", être amoureux, ça n'est pas physique, c'est mental. Il y a des gens qui disent que ça fait pitié quand on dit ça, ils ne comprennent pas ce que c'est d'être amoureux. »
✪ *Ali, 14 ans*

tomber amoureux

C'est ce qu'on dit !

« Les différences, ce n'est pas un problème. Par exemple, sur la religion, ce n'est pas à cet âge-là qu'on se pose la question. C'est pour plus tard, quand on veut fonder une famille. Des différences d'opinion, ça peut être embêtant, j'aurais trop de problèmes dans ma tête. Mais en faisant connaissance, ça peut changer. »
✪ *Julien, 15 ans*

« En ce moment, avec mon copain, ça ne va pas très bien, on est un peu en froid. Il a 18 ans et j'en ai 15, je me dis qu'il peut avoir besoin de voir autre chose. Mais je ne pensais pas que le "froid" allait arriver, c'est un peu difficile de vivre ça en ce moment. » ✪ *Lou, 15 ans*

« Les différences de culture, de couleur, ça ne me choque pas. La différence d'âge, un peu quand même. Quelqu'un de 14 ans qui sort avec quelqu'un de 19 ans, la personne de 19 ans voudra peut-être faire des choses que quelqu'un de 14 ans ne ferait pas. »
✪ *Dalila, 14 ans*

➥ ET L'ÂGE ?

Il arrive souvent que des filles tombent amoureuses de garçons plus vieux : à la fois plus matures, plus expérimentés… et qui peuvent avoir envie d'aller plus loin dans la relation, quand elles n'y sont pas forcément prêtes. Elles doivent alors apprendre à **préserver leur propre rythme, leurs propres envies** sans se laisser influencer.

➥ L'AMOUR, ÇA CHANGE

Certains tombent amoureux pour la première fois très jeunes, quand ils sont enfants, pour d'autres, ça viendra avec l'adolescence, pour d'autres encore, ce sera plus tard…
L'amour, ça peut arriver à tous les âges de la vie. À tout âge, on le ressent aussi dans son corps, on est un peu tremblant, émotif, hypersensible. On pense toujours à son amoureux/se.

Au fil du temps, notre façon d'être amoureux évolue. On n'attend plus les mêmes choses de l'autre, on affine ses choix, on change de copain ou de copine… Avec la puberté, on commence à éprouver des désirs. C'est parfois difficile de démêler ses sentiments, de mettre des mots dessus. On peut ressentir du désir sans être amoureux, être amoureux sans éprouver encore de désir, ou vivre les deux en même temps.
L'important, c'est d'être honnête avec l'autre… et avec soi-même. Plus tard, quand on construira une relation durable, on apprendra à discuter, à s'enrichir de nos différences, à faire des concessions. **L'amour, c'est une grande aventure !**

témoignages

C'est ce qu'on dit !

« On se pose des questions, on ne comprend pas vraiment ce qui nous arrive. C'est comme le jus de citron dans les yeux la première fois : on ne sait pas si ça pique ou pas. Tomber amoureux pour la première fois, c'est quelque chose à ne pas rater. Moi, je n'ai jamais été vraiment amoureuse. Des copines me disent qu'elles sont amoureuses. Si je leur demande : "Tu serais prête à mourir pour lui ?", elles répondent : "Ah non, quand même pas." Mais si tu n'es pas capable de donner ta vie ou de sacrifier une part de toi-même, ça veut dire que tu n'aimes pas vraiment. »
✪ *Rebecca, 15 ans*

« En ce moment, je suis avec une fille. Elle m'a appelé vendredi soir, et après, samedi soir : moi, j'avais l'impression qu'il s'était passé deux ou trois jours. Quand on rêve d'une personne aussi, ça veut dire qu'on l'aime beaucoup. »
✪ *Tewfik, 15 ans*

« Il faut dire aux garçons que l'amour, c'est très important pour les filles. Ils ne nous comprennent pas, ils trouvent qu'on est trop romantiques. Être amoureux, ce n'est pas la honte. »
✪ *Manjou, 13 ans*

chacune ses amours

➡ UNE QUESTION DE PRÉFÉRENCE

Une majorité de gens sont hétérosexuels, c'est-à-dire attirés par des personnes de l'autre sexe. D'autres personnes sont homosexuelles, attirées par les personnes du même sexe. D'autres encore peuvent être attirées de la même façon par des hommes et par des femmes, parfois on ne se sent pas bien dans son sexe.
Toutes ces orientations existent dans la vie. Elles font partie de l'intimité de chaque personne. **On ne les choisit pas, on les ressent.** Elles se construisent peu à peu, différemment pour chacun, au fur et à mesure qu'on grandit, qu'on mûrit, qu'on vit des expériences, parfois même elles changent… **Aimer et désirer est respectable et noble quel que soit le sexe de la personne qu'on aime.**
Chacun, chacune a le droit de s'épanouir et d'être respecté.

témoignages

C'est ce qu'on dit !

« Être amoureux, c'est quelque chose qu'on ne contrôle pas. Ceux qui tombent amoureux de quelqu'un du même sexe, ils n'y peuvent rien. Que des gens veuillent l'interdire, c'est idiot. Les relations entre fille et garçon c'est mieux vu, mais s'ils s'aiment, il n'y a pas de raison de les empêcher. »
✪ *Marie, 15 ans*

« L'homosexualité, ce n'est pas trop accepté en banlieue. Moi, je m'en fiche. Il y en a plein qui n'osent pas le dire, parce qu'il y a des rumeurs après. En plus, il y a des jeunes qui insultent des homos alors qu'eux ont déjà eu des rapports homos. »
✪ *Fouad, 14 ans*

« Moi ça me choque, mais ils sont ce qu'ils veulent. C'est leur vie. S'ils ont choisi ça, c'est que c'est bien pour eux. Je préfère ne pas juger. »
✪ *Olivier, 16 ans*

« C'est bizarre de voir par exemple deux garçons ou deux filles s'embrasser, mais c'est juste qu'on n'a pas l'habitude. Ce sont des sentiments, ça ne se contrôle pas. »
✪ *Justine, 15 ans*

« Si un garçon aime un garçon ou s'il aime une fille, ce n'est pas notre problème. C'est lui qui a choisi, on ne va pas choisir à sa place. Ça ne regarde que la personne. »
✪ *Youssou, 16 ans*

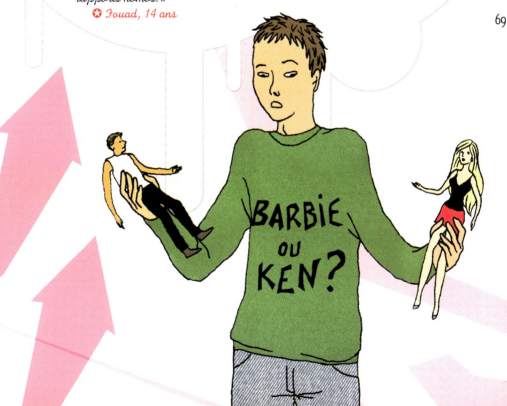

chacune ses amours

témoignages

C'est ce qu'on dit !

« J'ai découvert que j'étais homo quand, dans la cour de récré, on a commencé à me traiter de "pédale". C'est le regard méchant de l'autre qui te fais réaliser que tu es différent et que c'est un "problème". J'avais 13, 14 ans, il m'a fallu du temps pour oser le dire. Mais j'ai eu de la chance, mes copains et copines de classe ont eu des réactions très affectueuses, compréhensives.

Il y a eu un moment où tout mon entourage était au courant, le vivait bien et me permettait de le vivre bien, sauf mon père et ma mère. Je me disais : ils vont me renier, surtout mon père qui faisait souvent des petites blagues…

Et j'ai vécu un truc sublime. Quand je l'ai dit à mes parents, j'avais 24 ans. Ma mère ne s'en était jamais rendu compte mais elle était juste désolée que j'aie pu souffrir de ne pas leur dire, et mon père, lui, m'a dit : "Je suis fier de toi, mon garçon, ça fait du bien de le dire, hein ?" Ça faisait quatre ans qu'il s'en doutait et qu'il n'osait pas en parler. Je suis heureux d'être l'homme que je suis. Les gens qui ne veulent pas voir que la beauté de l'amour homo est la même que celle de l'amour hétéro, ce sont eux qui ont un problème. » ✪ *C.C., 37 ans*

MAMAN SI J'TE DIS QUE JE SUIS AMOUREUSE DE QUELQU'UN DE SUPER ET C'EST RÉCIPROQUE… TU T'RÉJOUIS POUR MOI PAS VRAI ?

▸ SE DÉFENDRE

Depuis décembre 2004, les insultes et actes homophobes **sont punis par la loi.** Quand on en est victime, il ne faut pas le garder pour soi, mais en parler à quelqu'un de confiance, car il est possible d'agir pour que ça s'arrête. On peut notamment trouver de l'aide auprès de SOS Homophobie : 0 810 108 135 (prix d'un appel local).

➡ ON SE DÉCOUVRE...

C'est à la puberté, quand on commence à éprouver des désirs, que se construisent peu à peu nos préférences.

On peut alors être attiré par quelqu'un du sexe opposé ou du même sexe, ça n'a rien d'exceptionnel. On peut même tomber amoureux, échanger des baisers ou des gestes de tendresse avec son ou sa meilleur/e ami/e : il ou elle nous ressemble, on partage les mêmes goûts, les mêmes révoltes, c'est comme un « double » de nous-mêmes...

À l'adolescence, les sentiments et les désirs changent vite. C'est peu à peu, dans la façon dont on évoluera, qu'on saura si on préfère les garçons ou les filles (ou les deux).

Et si on découvre qu'on n'est attiré que par des personnes du même sexe, il n'y a aucune raison de s'alarmer. **L'important, c'est d'aimer, de désirer, d'être aimé en retour, quel que soit le sexe de la personne qu'on aime.**

Homo ou hétéro, dans la relation amoureuse on vit des joies, des questionnements, des peines parfois.

➤ COMMENT EN PARLER ?

Même si la société a évolué, et si l'homosexualité est mieux vécue aujourd'hui qu'hier, ce n'est pas toujours facile à annoncer à sa famille, à ses copains et copines. Si la relation homosexuelle est difficile à vivre, si on est mal à l'aise, on peut alors avoir besoin d'aide et de conseils. **En parler à une personne de confiance** (quelqu'un de sa famille, un ou une ami/e), ça permet de sentir qu'on n'est pas tout seul. Si vraiment on ne trouve personne à qui parler, on peut s'adresser à un médecin ou à un psychologue.

tu veux sortir avec

↳ SE DÉCLARER

Dire à quelqu'un qu'on aimerait « sortir avec » lui ou elle, c'est compliqué pour des tas de raisons : parce qu'on a peur d'être trop ému/e, de se prendre un « râteau », ou d'avoir « la honte » devant les autres…
Pourtant, il y a bien un moment où il faut se lancer. Certains se jettent à l'eau, d'autres font passer le message par un copain ou une copine, ou envoient un texto… **Pas de recette miracle, et c'est bien normal,** puisque personne ne réagit de la même façon.
Ce sont plus souvent les garçons qui font le premier pas. Beaucoup de filles croient que c'est parce que c'est plus facile pour eux, que ça prouve qu'ils n'ont pas de sentiments… Mais c'est plus compliqué que ça !

↳ « RECALAGE », L'ART ET LA MANIÈRE

Aborder une fille ou un garçon pour lui dire qu'on est attiré/e et qu'on aimerait passer du temps avec elle ou lui, et « se prendre un recalage », c'est déjà assez compliqué comme ça : on n'est pas obligé d'en rajouter…
Se moquer, remballer avec un « non mais tu t'es vu ? », le raconter à tout le monde, ça sert à quoi au juste ?
Il est toujours utile de se demander comment on voudrait que l'autre réagisse si la situation était inversée. Ça aide à éviter d'humilier, d'être blessant.

C'est ce qu'on dit !

« Avec la fille avec qui je suis en ce moment, j'étais amoureux d'elle sans savoir qu'elle était amoureuse de moi. J'ai essayé de faire en sorte qu'elle me fasse confiance et, après, je lui ai dit que j'éprouvais des sentiments pour elle, que c'était de l'amour. Je lui ai dit : "Tu dis quoi ?" Elle a d'abord dit "je sais pas", et après elle m'a dit "je t'aime". Je n'avais rien à perdre. Les filles, c'est rare qu'elles demandent, et quand ça arrive, les garçons, ça leur fait bizarre. Mais ça prouve qu'avec elles, ça sera bien. »
✪ Guillaume, 16 ans

« La maturité, ça joue. Quand un garçon veut sortir avec une fille et qu'il envoie son copain, ou un texto, il passe forcément pour un gamin. »
✪ Cynthia, 15 ans

« Ça m'est déjà arrivé d'envoyer un copain et c'est lui qui est sorti avec la fille. »
✪ Pierre, 14 ans

« Des fois, on a peur que la personne dise non… Quand ça arrive, c'est douloureux. »
✪ Kharkiatou, 15 ans

mon amour... et les

➡ SOUS LE REGARD DES AUTRES...

« Sortir » avec quelqu'un, c'est vivre à deux une histoire que ne partageront pas les copains et les copines. Alors il peut arriver qu'ils se moquent de nous, plus ou moins gentiment, ou qu'ils critiquent la personne avec qui on est – là aussi, plus ou moins gentiment – ou bien, tout simplement, qu'on se sente tout à coup un peu « exclu » du groupe, à cause de cette relation qui fait qu'on a désormais d'autres préoccupations, d'autres centres d'intérêt, et qu'on vit des expériences qui n'appartiennent qu'à nous... La question, c'est ce qu'on ressent vraiment au fond de soi. Vivre sa relation face aux autres, ce n'est pas toujours facile, mais **c'est important de savoir assumer son choix :** les vrais amis sauront nous laisser vivre notre vie... et être là au bon moment.

témoignages

C'est ce qu'on dit !

« On n'a pas forcément envie qu'une copine le sache, moi, ça ne me plaît pas trop, je ne veux pas rentrer dans les détails et tout expliquer, parce que c'est la seule chose qui m'appartienne vraiment. On se détache un peu du groupe, donc ils auraient plutôt tendance à nous en vouloir, parce que si on perd cette personne-là, on va revenir vers eux et ça, ils vont le sentir. Mais ils peuvent comprendre qu'on ait besoin d'être avec celui qu'on aime. Si on est un groupe et qu'on s'entend bien, il n'y aura pas de vannes. »

✪ *Noémie, 15 ans*

« Mes copains, quand je suis avec une fille qu'ils ne trouvent pas belle, ils se moquent. Je leur dis : "Toi tu ne l'aimes pas, mais moi je l'aime. C'est ton intérêt ou mon intérêt qui compte ?" Ce que pensent les autres, ce n'est pas important. »

✪ *Wahid, 15 ans*

« Le garçon idéal, c'est celui qui n'est pas comme ceux qui disent n'importe quoi sur les meufs. Je veux que l'histoire qu'on va vivre, il la préserve pour lui. »

✪ *Pauline, 15 ans*

mon amour... et les

> **LA LAÏCITÉ, C'EST QUOI ?**
> La France est un pays laïque. Ça signifie que toute personne a le droit d'avoir sa religion, ou de ne pas en avoir. Dans certains lieux (comme l'école), ça signifie aussi qu'on ne doit pas mettre en avant ses convictions religieuses, qui sont une affaire privée. Ça signifie enfin, et c'est valable tout le temps et partout, qu'**on n'a pas le droit d'imposer ses convictions à d'autres personnes.**
> Tomber amoureux de quelqu'un qui ne partage pas notre religion, ça n'est généralement pas un souci… mais ça peut en être un pour nos parents, par exemple.
> À nous de savoir ce qui est le plus important, en n'oubliant jamais que **chacun, chacune a le droit d'aimer qui il veut.**

➥ FAMILLE: J'EN PARLE OU PAS?

Quand on vit une relation amoureuse, pour peu qu'elle soit un peu sérieuse, on peut être amené à se demander s'il faut en parler à ses parents, ses frères et sœurs… et comment.

Ça n'est pas une obligation, car tout dépend de pourquoi on le fait : parce qu'on a envie de présenter son petit copain ou sa petite copine à sa famille ? Parce qu'on veut partager avec eux quelque chose d'important pour nous ? Parce qu'on a peur qu'ils le découvrent ? Est-ce qu'on pense qu'ils seront heureux pour nous, ou est-ce qu'au contraire, on craint qu'ils réagissent mal ?

C'est une question de confiance, de communication entre notre famille et nous, et d'importance qu'a pour nous cette relation amoureuse.

Il ne faut jamais oublier qu'**on a le droit de faire ses propres choix, et de protéger son intimité.**

témoignages

C'est ce qu'on dit !

« Je ne parle pas d'amour à mes parents. Si je reste avec une fille, peut-être. Je leur en parlerai dès qu'elle me présentera à ses parents. Enfin ça passera plutôt par ma cousine, qui en parlera à ma mère. »
✪ *Yann, 16 ans*

« À chaque fois qu'on parle d'un garçon, ma mère me dit : "Si vous me ramenez un bébé, vous partez de la maison !" Déjà qu'elle en a marre de nous, alors si on en ramène un autre ! Elle ne veut pas qu'on ait des relations, elle dit que ce n'est pas dans sa maison qu'on va faire ça… Pour elle, sortir avec un garçon, ça veut dire qu'on va coucher avec lui. »
✪ *Lise, 15 ans*

« On en parle quand ça a été long. Moi, je n'en parle pas, le côté "Tu vas voir ta copine ?", ça m'énerve. »
✪ *Reda, 14 ans*

« Ça fait un an que je suis avec mon copain, ma mère le connaît. Elle a eu des parents durs, elle veut essayer de me rendre la vie plus simple que ce qu'elle a vécu. Elle m'aide sur les relations amoureuses. Au bout de deux semaines, je lui ai présenté mon copain : lui m'a présenté à ses parents au bout d'une semaine, c'est allé très vite, j'espère ne pas le regretter. »
✪ *Olivia, 15 ans*

quand c'est fini...

➡ LAISSER LE TEMPS AU TEMPS...

Se faire « plaquer » n'est jamais agréable, mais ça peut arriver à n'importe qui.

Une relation amoureuse se vit à deux. Alors quand, dans le couple, l'un des deux veut arrêter, pour celui ou celle qui est encore amoureux, ça peut être très difficile à vivre. Il ou elle peut se sentir abandonné, trahi...

Il n'y a pas de solution miracle pour que ça fasse moins mal. Souvent, c'est le temps qui soigne la blessure ; plus tard, on arrivera à recréer un lien affectif, on reverra nos positions par rapport à la confiance, **on retombera amoureux.**

« S'accrocher » à celui ou celle qui est parti, on le voudrait, parfois on le fait parce qu'on imagine que les choses peuvent s'arranger... Mais le plus souvent, on s'y blesse plus qu'autre chose. Pour que ça marche, il faudrait être deux à le vouloir... Dans ces moments-là, la jalousie est un sentiment normal, mais attention : **on n'est jamais « propriétaire » d'une autre personne,** et quand cette autre personne veut mettre un point final à une relation, c'est son droit, même si c'est douloureux. L'important, c'est le respect de soi et de l'autre. Plus tard, on pourra penser à ce qui s'est passé, comprendre, pour la prochaine fois.

➤ ET SI J'AI LE MAUVAIS RÔLE ?

Être quitté, ça fait mal. Être celui ou celle qui « largue », ce n'est pas forcément simple ni confortable. Là non plus, pas de solution miracle pour « plaquer » en douceur, mais un conseil : **la sincérité des sentiments, ça vaut toujours mieux que la fuite**. Ne pas rappeler, éviter l'autre, en réalité ça fait plus mal qu'une rupture franche, discutée, puisque l'autre ne sait pas vraiment où on en est, ce qu'on ressent...

Être quitté ne donne pas tous les droits : un/e « ex » qui harcèle, espionne, voire menace, ça ne devrait jamais se produire car **chacun/e doit respecter l'autre et ses choix**. Mais si malheureusement ça arrive, ça ne doit pas durer. Si on est inquiet, il faut en parler à un adulte de confiance.

témoignages

C'est ce qu'on dit !

« Les filles s'attachent, les garçons sont plus "je-m'en-foutistes" pour nous prouver qu'ils peuvent se détacher de nous. Mais si on les quitte, ils sont perdus. Ils veulent nous mettre en tête que sans nous, ils peuvent s'en sortir, et que nous, sans eux, on ne peut pas. Ils veulent être insensibles, ils ont leur fierté… Une fille quittée, elle va avoir tendance à aller voir le garçon, à lui dire qu'elle l'aime. Un garçon, il va faire comme si ça n'avait pas d'importance. Si on les quitte, même si ça leur fait mal, ils ne vont pas vouloir l'avouer, sauf s'ils sont plus matures. »
✪ Estelle, 15 ans

« Si vous aimez, être trompé, c'est ça le pire, c'est pire que de ne plus être ensemble. J'ai eu une rupture, je l'ai gardée six mois, cette rupture, je n'arrivais pas à m'en remettre. Oublier, c'est facile à dire, mais à faire… »
✪ Mickaël, 16 ans

quand on veut, com

➥ LE TEMPS DU DÉSIR

Avec la puberté, notre corps a changé. On ressent du désir, des pulsions sexuelles, **on a envie de découvrir l'autre et de vivre l'intensité d'une relation physique.**
On échange des caresses, des baisers, on ressent cette attirance qui donne envie d'aller plus loin, de donner et recevoir du plaisir.
C'est compliqué : ce qui nous fait envie, dans le même temps, nous fait un peu peur… Parfois on peut se sentir « submergé » par ses pulsions. On peut avoir peur de faire mal, ou d'avoir mal. On n'est pas toujours sûr de ses sentiments, de ses émotions.
C'est important de se donner le temps qu'il faut avant de franchir ce pas important.
Rien ne presse !

Rien que son parfum ça me rend dingue !

Tu lui as piqué son écharpe ??…

❯ LES ZONES ÉROGÈNES

Les zones érogènes, ce sont **les endroits du corps qui font ressentir du plaisir sexuel lorsqu'ils sont caressés.** Tout le corps peut être érogène. Parmi les zones les plus sensibles, il y a le pénis chez le garçon, le vagin et le clitoris chez la fille, mais il en existe beaucoup d'autres (les seins, les fesses…). Et **elles ne sont pas forcément les mêmes pour tout le monde.**
Connaître son propre corps et celui de l'autre est une découverte, presque une aventure, une sorte d'apprentissage.

RÉPONSES DE PROS

« C'EST QUOI "MOUILLER" ? »

Sous l'effet du désir, des caresses, la fille sécrète une substance comparable à la « rosée du désir » chez les garçons (voir page 21). **C'est un lubrifiant** qui facilite la pénétration.

me on veut

▸ LES FANTASMES SEXUELS

Se faire un « film » dans sa tête, faire défiler des images sexuelles, par exemple quand on se masturbe, ça arrive à tout le monde. **Chaque personne a ses propres fantasmes.** Parfois ils peuvent nous inquiéter, on se demande si c'est bien « normal » de penser à tout ça. C'est justement à ça que servent les fantasmes : à imaginer des choses qui n'arriveront pas dans la réalité.

▸ C'EST DANS LA TÊTE

La sexualité, ce n'est pas mécanique. C'est d'abord dans la tête que ça se passe : **être au clair avec ses envies, avec son désir ; savoir écouter ce que dit l'autre de son propre désir.** Ce qui fait que ce moment de rapprochement des corps aura quelque chose de magique, c'est que les deux partenaires l'auront décidé ensemble et que chacun sera attentif à soi et à l'autre.

Ce sera valable pour la première fois (voir page 86) mais aussi pour les suivantes. S'épanouir dans sa sexualité, c'est savoir exprimer ses envies et écouter celles de son/sa partenaire, **c'est aussi savoir dire quand ce n'est pas le bon moment,** quand on en a moins ou pas envie.

▸ QUE DIT LA LOI ?

La sexualité est une affaire privée, **notre corps est à nous et à personne d'autre,** mais pour protéger chacun de nous, la loi a posé des interdits.

On peut avoir des relations sexuelles (hétéro ou homo) avec la personne de son choix, **si ces relations sont libres de contrainte** morale ou physique, et que le/la partenaire n'est pas une personne ayant autorité sur nous.

Si on a des relations sexuelles avec une personne majeure, et que nos parents portent plainte contre cette personne, c'est le juge qui tranchera : en fonction de l'âge, de la maturité, il décidera s'il y a ou pas détournement de mineur/e.

quand on veut, com

➡ COMMENT ON FAIT L'AMOUR ?

Justement, **comme on veut ! En matière de sexualité, il n'y a pas de mode d'emploi.** Tout est une question d'entente et de désir entre les deux partenaires. On peut se caresser (on parle souvent de « préliminaires » parce que c'est le début de la relation sexuelle) : avec les mains, avec la langue, sur tout le corps, sur les sexes ; il peut aussi y avoir pénétration dans le vagin de la fille. Ce qui compte, c'est ce dont on a envie, et surtout de se parler en toute confiance et dans l'intimité. Pour des tas de raisons, des garçons ou des filles peuvent ne pas être prêts à avoir des relations sexuelles « avec pénétration ». On peut très bien atteindre l'orgasme avec des caresses, des baisers, des frottements. **Guider son ou sa partenaire, c'est l'aider à comprendre ce qui nous donne du plaisir.**

❯ L'ORGASME

L'orgasme, c'est **une sensation de plaisir sexuel intense qui envahit tout le corps** et se manifeste en général, chez les garçons, par l'éjaculation, et chez les filles, par une dilatation des organes génitaux et des spasmes du vagin. Il provoque aussi une accélération de la respiration et des battements du cœur, un rougissement de la peau…
L'orgasme n'est pas « automatique », il n'arrive pas pour toutes les relations sexuelles, mais ce n'est pas parce qu'il n'y a pas d'orgasme qu'il n'y a pas de plaisir partagé.

me on veut

▶ LA MASTURBATION

Se masturber («se branler, se doigter»), c'est se donner du plaisir sexuel en se caressant les parties génitales (le pénis chez les garçons, le clitoris et/ou le vagin chez les filles). C'est une pratique très courante, qu'on le fasse seul ou en couple.
La masturbation ne rend ni sourd ni stérile ! Elle est très naturelle au contraire. Pour beaucoup de jeunes, **elle est le premier apprentissage du plaisir sexuel** et pourra aider, plus tard, à guider son ou sa partenaire.
C'est un choix intime qui appartient à chacun, à chacune : **personne ne doit se sentir obligé ni de le faire, ni de s'en priver.**

85

➥ AUCUNE OBLIGATION !

Avant le début de la vie sexuelle ou même bien plus tard, certaines pratiques dont on a entendu parler ou que nous demande notre partenaire peuvent rebuter, faire peur ou juste ne pas faire envie ; par exemple les caresses avec la bouche sur le pénis (la fellation) ou sur la vulve (le cunnilingus), ou encore la pénétration dans l'anus (la sodomie).
Il ne faut **jamais se sentir obligé/e** de faire quelque chose dont on n'a pas envie, juste pour faire plaisir à l'autre. **C'est une question de désir partagé et de confiance. On a toujours le choix.**

la première fois

➡ IL Y A UN « BON » ÂGE ?

Non, non et encore non ! **Le « bon âge », c'est celui qu'on choisit.** Contrairement à ce qu'on entend souvent dire, les jeunes ne sont pas « de plus en plus précoces ». L'âge moyen de la première fois tourne autour de dix-sept ans, pour les filles comme pour les garçons. Une statistique, pas une obligation…

➡ QUAND ON VEUT !

Il y a des tas de mauvaises raisons pour « le faire ». Parce qu'on en a assez de se faire traiter de « puceau » par les copains (au fait, ils ne se vanteraient pas un peu ?). Ou parce qu'on a peur d'être larguée (mais si c'est son genre, est-ce bien avec lui qu'on a envie de commencer sa vie sexuelle ?).

Il y a aussi de bonnes raisons. Parce qu'on en a vraiment envie, à deux. **Parce qu'on est amoureux et qu'on veut partager plus que des baisers ou des caresses.** Ou tout simplement parce qu'on est très attiré/e, qu'on se sent bien avec l'autre, qu'on est en confiance.

POUR TOI AUSSI, C'EST LA PREMIÈRE FOIS ?

EUH… NON… MOI, CE SERA LA PROCHAINE FOIS…

▸ QUAND C'EST NON, C'EST NON !

Faire l'amour, la première fois et celles d'après, c'est vraiment un choix : on est acteur de sa décision. Or **on a parfaitement le droit de ne pas avoir envie.** Y compris quand on éprouve des sentiments très forts. C'est à l'autre de respecter notre décision. **Il n'est jamais trop tard pour dire non.** Même si on a commencé, échangé des baisers, des caresses, il ne faut jamais hésiter à dire si on ne veut pas aller plus loin. Savoir se parler, c'est essentiel pour que ça se passe bien.

On a aussi le droit de changer d'avis : avoir une première relation sexuelle puis décider d'attendre avant de recommencer.

Forcer quelqu'un à avoir une relation sexuelle contre sa volonté est un viol : c'est interdit et sévèrement puni par la loi.

RÉPONSES DE PROS

«COMMENT SAVOIR SI ON EST PRÊT OU PAS?»

C'est difficile de savoir avec certitude si on est prêt/e ou pas. Les réponses qu'on peut faire aux questions suivantes peuvent néanmoins aider à savoir si on l'est suffisamment : **qu'est-ce qui me pousse maintenant à faire cette première fois ? Dans quel état d'esprit je suis pour m'engager dans cette expérience ?** Si on décide d'avoir ce premier rapport sexuel, non pas pour répondre aux pressions extérieures des copains-copines et/ou pour faire ce qu'on pense que chacun fait, mais pour satisfaire à un désir intime dans un état d'esprit suffisamment tranquille pour que cette première expérience se déroule de manière satisfaisante pour soi et pour l'autre, alors on peut se dire qu'on est prêt.

> ALORS ÇA VA, GROS PUCEAU ?

> C'EST BON ! T'ARRÊTES ! JE SUIS PAS...

> GROS...

témoignages

C'est ce qu'on dit !

« Avec mes copines, on se dit que la première fois, on aimerait le faire avec quelqu'un qu'on aime, on se demande ce que ça fera… Ce que ça va changer, si on aura mal. On a toutes un peu peur. Elles pensent aussi qu'il faut que ce ne soit pas trop tôt. »
✪ *Sirine, 14 ans*

« Ce qui fait peur, c'est que tu n'as pas eu d'expérience, tu n'es pas sûr d'y arriver. Et puis il y a les parents derrière et tu y penses. »
✪ *Mohand, 14 ans*

« Perdre sa virginité, c'est important, il ne faut pas le faire avec n'importe qui. Quelqu'un en qui on a confiance, pas quelqu'un avec qui on va le faire et le lendemain, il va nous lâcher. Quelqu'un avec qui ça fait longtemps qu'on est ensemble. »
✪ *Aïssata, 14 ans*

la première fois

témoignages C'est ce qu'on dit !

« C'est mieux de ne pas savoir comment ça va se passer. Comme ça, les gens font comme ils veulent. Si on nous dit "Il faut faire ci, il faut faire ça", après on ne prend pas l'initiative de soi-même. »
✪ *Sofiane, 16 ans*

« J'aurai trop peur de tomber enceinte ou d'avoir une maladie. Je suis sûre que ça sera une obsession. Ça peut arriver, la capote qui craque, ce n'est la faute de personne. Le sida, les maladies, ça me stresse, surtout les grossesses. » ✪ *Flora, 15 ans*

➡ POUR QUE ÇA SE PASSE BIEN…

… Peut-être pas n'importe où, ni n'importe comment.
Choisir un endroit où on se sent bien, c'est essentiel. Un endroit où on sera tranquilles et en confiance. Et avec un peu de confort en prime, ce n'est pas plus mal ! La première fois, ça n'arrivera… qu'une fois, autant en garder le meilleur souvenir.
Et si certaines pratiques sexuelles nous dégoûtent, on n'a pas à se forcer au motif que « tout le monde le fait ».

➡ QUELQUES PRÉCAUTIONS

Grossesse, IST ? Dès la première fois, c'est possible. Pour éviter ça, **un seul moyen : le préservatif** (voir pages 98, 99), et si on n'en a pas, il est peut-être préférable d'attendre. C'est toujours mieux que de vivre les semaines à venir dans l'angoisse. On peut être encore plus prudent et associer au préservatif une autre contraception, comme la pilule (voir page 100).

EST-CE QUE ÇA FAIT MAL ?

Beaucoup de filles ont peur d'avoir mal la première fois... et beaucoup de garçons ont peur de faire mal, parce qu'il y a l'hymen (voir page 24) qui peut se déchirer à ce moment-là. En réalité, ce n'est pas tant cette petite membrane qui est en cause que l'angoisse, le stress, la peur aussi qui font que les filles peuvent être tendues, nerveuses, et leur vagin contracté et/ou pas suffisamment lubrifié. Dans ces conditions, la pénétration peut être douloureuse.

Cette peur-là peut aussi exister, pour les filles comme pour les garçons, s'il y a pénétration dans l'anus. **Être au clair sur nos envies, être en confiance, détendus, se laisser le temps des baisers, des caresses, de l'abandon progressif, de la discussion entre les partenaires,** c'est la meilleure méthode pour que cette première fois soit la moins douloureuse possible. Plus on est en confiance, plus c'est du plaisir qu'on éprouve.

la première fois

→ ÊTRE OU NE PLUS ÊTRE VIERGE...

Parce qu'il y a beaucoup de façons différentes de faire l'amour, **il y a beaucoup de façons de ne plus être vierge.**
Avoir échangé des baisers, des caresses, nus l'un contre l'autre, même sans pénétration, pour beaucoup de filles et de garçons, c'est déjà avoir fait l'amour, et donc c'est déjà, dans sa tête, ne plus être vierge. « Perdre sa virginité », c'est avoir vécu cette expérience de l'amour physique, du plaisir partagé avec l'autre…

Dans certaines familles, on considère que le « signe » de la virginité, chez les filles, c'est le fait que leur hymen soit encore intact, et donc susceptible de saigner lors du premier rapport sexuel. Peu de filles saignent lors de la première pénétration. (voir page 24).
Et surtout, **la virginité est une affaire entre soi et soi, et l'amour partagé une affaire entre soi et l'autre,** un choix intime qui ne regarde personne. Être vierge ou ne plus l'être, c'est à chacun, à chacune d'en décider.

➡ **LE SAVIEZ-VOUS ?**
Seul un quart des femmes saignent lors du premier rapport sexuel

🦴 LA VIRGINITÉ, UNE VIEILLE HISTOIRE…

Déjà, au début du XXᵉ siècle, les médecins s'interrogeaient sur les rapports entre l'hymen et la virginité. Dans le traité d'anatomie humaine de Léo Testut, paru en 1923, on apprend que **sur 75 femmes qui accouchent pour la première fois, 13 ont un hymen intact.** Contrairement à une croyance bien ancrée, la présence de l'hymen n'est donc pas un signe certain de virginité.

témoignages — *C'est ce qu'on dit !*

« Moi, je sais que je ne le ferai pas avant 18 ans, ou même le mariage. Ça serait bien que ma première fois ce soit avec ma femme. Je n'aimerais pas trop avoir une femme qui l'a déjà fait, donc si moi je ne veux pas de ça, je ne le fais pas non plus. Mais si je le fais avant, j'accepterai qu'elle l'ait fait aussi… Je suis pour l'égalité. »
✸ *Malek, 14 ans*

« Il y en a qui veulent garder leur virginité et l'offrir au vrai partenaire, qui disent que c'est comme un cadeau. Moi, je ne me suis pas fixé un âge, mais pas trop avant 16 ou 17 ans quand même. C'est un beau cadeau, mais si ce n'est pas l'homme de ma vie, ce n'est pas grave. Je verrai si c'est le bon moment avec la bonne personne. »
✸ *Stéphanie, 14 ans*

la première fois

▸ LES « PANNES »

Les « pannes » sexuelles, ça arrive à tout le monde. Chez les garçons, c'est spectaculaire : l'érection disparaît (ils « débandent ») ; ou bien l'éjaculation est trop rapide. Mais les filles aussi peuvent avoir des « pannes »…

Être angoissé/e, avoir peur de faire mal ou d'avoir mal, autant de raisons qui peuvent provoquer des « pannes », ça ne signifie pas que les problèmes persisteront.

Les premières expériences sexuelles peuvent être décevantes, mais **peu à peu on trouvera ses points de repère, on se parlera beaucoup plus, on sera plus détendu/e.**

SI J'ASSURE PAS…

…ELLE VA ME TROUVER NAZE

▸ PARTI TROP TÔT !

Certains garçons, notamment au début de leur vie sexuelle, éjaculent avant la pénétration ou tout au début : on parle d'« éjaculation précoce ». Le plus souvent, c'est parce qu'ils sont inquiets, parce qu'ils ont du mal à contrôler leur désir… Alors **ça s'arrange avec le temps et l'expérience.**

SI TU VEUX ON COMMENCE…

ZUT ! J'AI FINI…

RÉPONSES DE PROS

« EST-CE QUE LE SEXE DU GARÇON PEUT RESTER COINCÉ ? »

Pur délire ! Dans les pages « faits divers » des journaux peut-être… En tout cas, dans des situations extrêmement particulières. Or **les exceptions ne sont pas la réalité des relations sexuelles.**

➥ C'ÉTAIT RATÉ ?

Parce qu'on était très angoissé, très amoureux, parce qu'on éprouvait trop de désir, ou pas suffisamment, il peut arriver qu'on n'ait pas très bien vécu cette « première fois ».
On a eu un peu mal, on n'a pas éprouvé de plaisir ou pas beaucoup, on a eu une panne, on a l'impression de ne pas avoir « assuré »...
Non seulement ça peut arriver à tout le monde, mais c'est même assez répandu. Et quand on entend un copain ou une copine se vanter d'exploits incroyables, on est en droit de se demander s'ils n'en font pas un peu trop. S'épanouir dans sa sexualité demande souvent un peu de temps. **Il faut trouver son rythme, apprendre à respecter le rythme de l'autre.** Ça s'apprend. Et si la première fois était un peu « ratée », ça sera de mieux en mieux lors des suivantes, pour peu qu'on sache écouter et guider son ou sa partenaire.

▸ TROP SÈCHE !

Chez certaines filles, le lubrifiant qui est sécrété quand elles font l'amour (la « mouille », voir page 82) peut être absent ou insuffisant, elles peuvent alors éprouver des irritations et des douleurs lors de la pénétration.
Le stress, le manque de temps, l'absence de désir, certains médicaments contre l'acné peuvent en être la cause. **Il faut savoir s'écouter et écouter son corps...**
On peut différer la relation, ou bien, si on en a vraiment très envie, utiliser un gel lubrifiant à usage intime.

« JE N'AI PAS EU DE PLAISIR, EST-CE QUE JE SUIS FRIGIDE ? »

La frigidité, c'est le fait de ne pas ressentir de plaisir pendant un rapport sexuel. **Lors des premiers rapports, il est fréquent de ne pas avoir d'orgasme.** Celui-ci demande un apprentissage, une bonne connaissance de soi et de l'autre. Mais on peut avoir eu du plaisir à partager un moment sensuel.
À ne pas oublier : une fille qui ne veut pas faire l'amour n'est pas « frigide », **elle n'a pas envie, c'est tout !**

pour que ça se passe bien

SE PROTÉGER
PAGE 96

UN ENFANT :
SUPER, MAIS PAS
MAINTENANT
PAGE 106

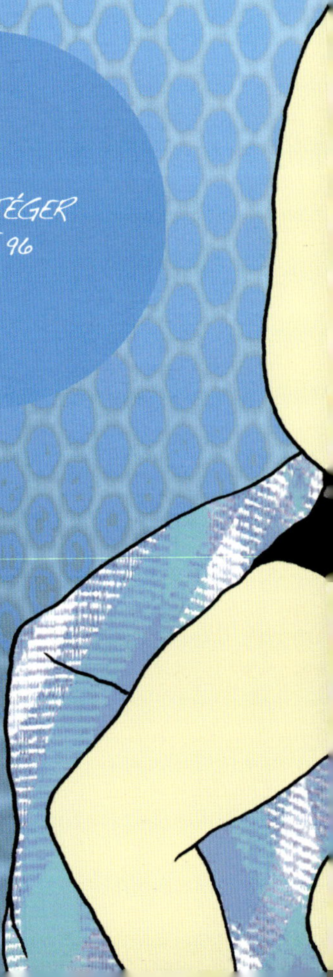

se protéger

➧ PARCE QU'UNE FOIS SUFFIT...

La sexualité, c'est avant tout la découverte de son propre corps et de celui de l'autre. C'est du plaisir, et ça doit le rester.
Mais **dès le premier rapport sexuel, une fille peut être enceinte.** Dès la première fois, fille comme garçon, **on peut attraper une infection sexuellement transmissible** (IST, voir page 102). Pour éviter une grossesse non désirée, il existe différentes méthodes : **ça s'appelle la contraception.**

➧ BIEN CHOISIR, EN PARLER

Choisir une méthode de contraception, ça suppose d'y réfléchir un peu. Selon la relation qu'on a avec son/sa partenaire, on ne prendra pas forcément les mêmes décisions. Des décisions qui peuvent aussi évoluer au cours de la vie.
Or, ce n'est pas toujours évident d'en parler dans sa famille. Et les copains ou les copines n'ont pas toujours toutes les infos… **Les professionnels, eux, sont là pour ça.** Dans les centres de planification et d'éducation familiale, auprès de son médecin, chez le gynécologue ou l'infirmière scolaire, chacun, chacune peut se renseigner et on l'aidera à choisir la méthode qui lui convient le mieux.

RÉPONSES DE PROS

« C'EST VRAI QU'ON PEUT TOMBER ENCEINTE SANS PÉNÉTRATION ? »

Eh oui, **par contact entre les corps, sexe contre sexe,** le garçon en érection émet quelques gouttes de sperme dans lequel il y a des spermatozoïdes et la fille, qui a du désir, produit une substance qui coule un peu et qui va récupérer ces gouttes de sperme. Ce transporteur de spermatozoïdes peut les emmener jusque dans les trompes où ils risquent de trouver un ovule bien mûr… et il peut y avoir une grossesse ! Et cela même au premier rapport sexuel sans pénétration. C'est pourquoi il faut mettre un préservatif **dès le début de l'érection, avant que le pénis ne touche votre partenaire.**

❯ LES CONTRACEPTIONS D'URGENCE

Penser à se protéger, c'est essentiel. Mais même quand on fait attention, les « ratés » sont toujours possibles : capote qui craque, oubli de pilule…
La contraception d'urgence réduit le risque de grossesse après un rapport mal protégé. Deux possibilités s'offrent à vous :
• Le plus tôt possible et jusqu'à trois jours, vous pouvez obtenir la « pilule du lendemain » sans prescription médicale en pharmacie ; **elle est gratuite pour les mineures, et pas besoin d'une autorisation parentale.** On peut aussi la demander dans un centre de planification, une PMI, ou auprès de l'infirmière scolaire.
• Le plus tôt possible et jusqu'à cinq jours, il faut consulter un médecin pour obtenir la « pilule du surlendemain » ou envisager la pose d'un « stérilet » ou dispositif intra-utérin en urgence. C'est le seul choix possible si vous pesez plus de 75 kg.
Attention :
• La contraception d'urgence ne protège pas contre une éventuelle infection transmissible : pensez à vous faire dépister (voir page 102).
• La contraception d'urgence n'est pas toujours efficace : faites un test trois semaines après le rapport mal protégé pour vérifier l'absence de grossesse !

C'est la pilule du lendemain mais on peut la prendre dans les 3 jours.

➡ TOUT LE MONDE EST CONCERNÉ !

Éviter une grossesse n'est pas que l'affaire des filles : un bébé, ça se fait à deux ! Alors **les précautions, ça se prend aussi à deux.** Il ne faut pas hésiter à en parler ensemble. Ça n'est peut-être pas très « romantique », mais la maturité, donc la confiance qu'on peut avoir, se mesure aussi à la capacité de chaque partenaire à être responsable et attentif aux questions de l'autre et à le respecter.

Compte pas les jours, compte sur moi pour mettre une capote !

se protéger

➡ LES PRÉSERVATIFS

Comment ça marche : les préservatifs sont les seuls contraceptifs qui protègent à la fois des grossesses non désirées et des IST. Le préservatif masculin – la « capote » – se place sur le pénis en érection et retient les spermatozoïdes dans un petit réservoir. Le préservatif féminin fonctionne de la même manière mais se place à l'intérieur du vagin. Dans tous les cas, **il faut les mettre dès le début, avant la pénétration.**
À savoir : le préservatif ne supprime pas les sensations ! Il en existe de très fins, avec des textures agréables… Donc, aucune raison valable pour refuser d'en mettre. Pour les filles qui ont des difficultés, un lubrifiant peut aider : toujours le prendre à base d'eau, sinon il abîmera la « capote ». Pour les garçons que ça angoisse un peu, **s'entraîner à le poser** est un excellent moyen de ne pas être paniqué quand viendra le moment de l'utiliser à deux.

❥ OÙ LES TROUVER ?
Il existe des lieux où on peut obtenir gratuitement des préservatifs, comme certaines PMI, les Ciddist… Pour les connaître, rendez-vous dans les pages « Adresses utiles ».

« METTRE LE PRÉSERVATIF AVANT L'ÉJACULATION, C'EST SUFFISANT ? »

Non, surtout pas ! **Le préservatif se déroule sur le sexe en érection dès le début de cette érection,** pour que les quelques gouttes de sperme qui peuvent s'écouler soient bien dans le préservatif !

❥ PRÉSERVATIF MASCULIN, MODE D'EMPLOI

1/ D'abord, vérifier que l'emballage porte bien les mentions «CE» ou «NF» et que la date de péremption n'est pas dépassée.
2/ Ouvrir l'emballage sans déchirer le préservatif. Vérifier que la partie à dérouler se trouve à l'extérieur.
3/ Pincer avec les doigts le réservoir qui se trouve au bout du préservatif, pour en chasser l'air (ça évite qu'il se déchire pendant l'éjaculation).
4/ Dès le début de l'érection, placer le préservatif au bout du pénis et le dérouler sur toute la longueur, en continuant à pincer le réservoir. Si le préservatif ne se déroule pas, c'est peut-être qu'il est posé à l'envers. Dans ce cas, on en prend un autre (il y a peut-être déjà du sperme dessus). Et on utilise un seul préservatif à la fois.
5/ Après l'éjaculation et avant la fin de l'érection, se retirer en maintenant le préservatif, pour éviter de le perdre.
6/ Bien vérifier que le préservatif n'est pas percé ni déchiré! Si c'est le cas, il faut penser à la contraception d'urgence (voir page 97).

DE NOTRE TEMPS ON N'AVAIT PAS ACCÈS À LA CONTRACEPTION

ON A EU SEPT ENFANTS…

❥ CE QUI NE MARCHE PAS

Avant l'invention des méthodes modernes de contraception, les femmes évaluaient la date de leur ovulation par le calcul, la prise de leur température ou l'observation de leur glaire cervicale. Avec un gros taux d'échec, logique quand on sait qu'un choc émotionnel suffit à bouleverser le cycle! **À éviter,** donc, si on ne veut vraiment pas être enceinte, ou si on veut être sûr que notre copine ne va pas l'être. Quant au «coït interrompu» – le garçon se retire avant l'éjaculation (l'émission de sperme) –, c'est tout aussi incertain puisque du sperme peut s'écouler avant. Pour éviter une mauvaise surprise et des nuits d'insomnie, **mieux vaut utiliser une méthode de contraception fiable,** à l'efficacité reconnue.

se protéger

➤ LES PILULES

Comment ça marche :
les pilules sont fabriquées à base d'œstrogènes et de progestérone (les hormones produites par les ovaires). En épaississant la glaire cervicale (produite par le col de l'utérus, voir page 22), elles gênent la progression des spermatozoïdes. Pour la plupart, elles mettent les ovaires au repos : il n'y a plus d'ovulation.

À savoir : une pilule bien choisie ne doit pas provoquer de maux de tête ou de douleur dans les seins, ni faire grossir. C'est pourquoi **il faut en discuter avec le médecin qui va la prescrire,** et ne pas oublier les rendez-vous de contrôle, qui permettent de vérifier que tout va bien. Certaines pilules sont remboursées en partie par la Sécurité sociale. **Pour les mineures, on peut obtenir gratuitement la pilule dans les centres de planification et d'éducation familiale -CPEF- et les PMI**

➤ UNE AUTRE FAÇON DE PRENDRE LA PILULE

L'implant contraceptif (placé sous la peau), **le patch contraceptif** (collé sur la peau) et **l'anneau contraceptif** (placé dans le vagin) sont une autre façon de « prendre la pilule », **risques d'oubli en moins**. À chacune sa contraception !

MOI JE CHOISIS DE PRENDRE MON TEMPS !

LIKE A VIRGIN

RÉPONSES DE PROS

« EST-CE QUE QUAND ON PREND LA PILULE, ON N'A PLUS DE BOUTONS ? »

Oui, c'est vrai, certaines pilules traitent l'acné.

« EST-CE VRAI QUE, À FORCE DE PRENDRE LA PILULE, ON NE PEUT PLUS AVOIR D'ENFANTS ? »

N'importe quoi ! Depuis 1960, une majorité de femmes françaises utilise la pilule, vous avez vu le nombre d'enfants diminuer ? **En réalité, ce sont les IST à répétition qui provoquent la stérilité.**

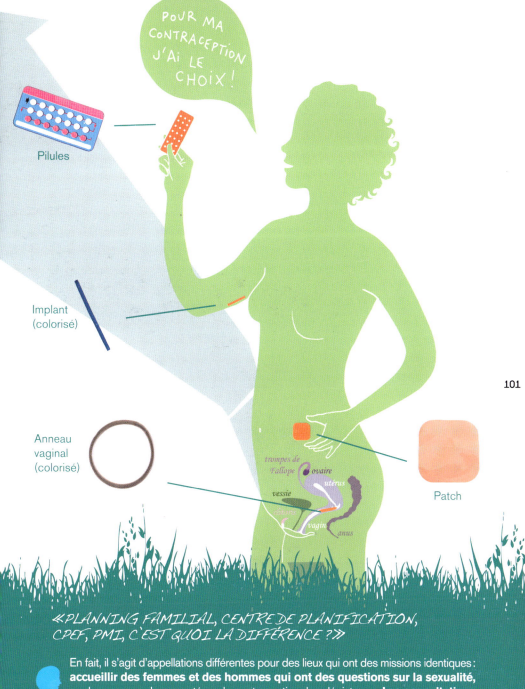

« PLANNING FAMILIAL, CENTRE DE PLANIFICATION, CPEF, PMI, C'EST QUOI LA DIFFÉRENCE ? »

En fait, il s'agit d'appellations différentes pour des lieux qui ont des missions identiques : **accueillir des femmes et des hommes qui ont des questions sur la sexualité,** sur les moyens de se protéger, la contraception, les dépistages. **Les consultations dans ces centres sont gratuites, et tous les examens et les traitements sont également gratuits pour les mineures qui souhaitent le secret.**

se protéger

➥ IST : KÉZACO ?

IST signifie « infection sexuellement transmissible ». Les IST sont causées par des bactéries ou des virus. **Elles se transmettent lors des rapports sexuels.** Parfois, elles peuvent provoquer des symptômes désagréables. Le problème, c'est que certaines infections ne provoquent pas de symptômes visibles : **on peut avoir une IST et ne pas se sentir malade, c'est même souvent le cas !**

Le risque avec les IST, c'est qu'elles peuvent « boucher les tuyaux » qui transportent les cellules sexuelles dont on aura besoin pour faire un bébé. Pour garder son « capital fertilité », on se protège, et on va consulter le médecin au moins une fois par an pour faire les dépistages. **Pour ne pas attraper d'IST, il y a une solution et une seule : le préservatif** (masculin ou féminin, voir page 98).

➥ COMMENT SAVOIR ? QUE FAIRE ?

Au moindre doute, pas d'hésitation : **on en parle à son médecin,** qui pourra nous prescrire les tests nécessaires. On peut aussi se rendre dans un centre de planification et d'éducation familiale, une PMI ou un centre d'information, de dépistage et de diagnostic des IST (Ciddist). Et, bien sûr, **on arrête tout de suite les relations sexuelles sans préservatif.**

Et lorsqu'on se découvre une IST, **on en parle à la personne avec qui on a fait l'amour** pour qu'elle aussi se fasse soigner. Ce n'est pas agréable, mais c'est essentiel pour éviter que d'autres personnes ne soient à leur tour contaminées.

➤ GARE AU CHLAMYDIA !

Le *Chlamydia trachomatis* est une bactérie très répandue : 10 % des adolescents qui ont des relations sexuelles en sont atteints, c'est beaucoup. Problème : **souvent, il ne provoque pas de symptômes, donc on ne sait pas qu'on l'a attrapé.** Or si on n'est pas soigné, il peut rendre stérile. Diagnostiquée rapidement, **cette infection se soigne très facilement avec des antibiotiques.** Faire régulièrement un dépistage par un prélèvement d'urine ou un prélèvement vaginal permet de faire le nécessaire. Il ne faut pas hésiter à en parler à un médecin.

se protéger

➡ LE SIDA, QU'EST-CE QUE C'EST ?

Le sida, ou « syndrôme de l'immuno-déficience acquise », est une maladie qui affaiblit les défenses du corps. Celui-ci devient alors vulnérable à des maladies qui seraient banales si on était en bonne santé (on parle d'« infections opportunistes »). On peut retarder le moment de déclenchement du sida et soigner ces infections opportunistes, mais on ne sait pas encore soigner le sida lui-même. **Le sida est causé par le « virus de l'immuno-déficience acquise », le VIH.** On peut être porteur du virus, parfois pendant des années, sans que la maladie se déclare : on parle de « séropositivité ». Mais attention : dès qu'on est séropositif, on peut transmettre le virus. Chaque année en France, six mille personnes sont contaminées par le virus du sida.

➡ COMMENT SE TRANSMET LE SIDA ?

Le sida se transmet de trois façons :
• d'une part, **par le sang,** notamment par le partage d'une seringue contaminée pour une injection de drogue. À savoir : le risque d'être contaminé par une transfusion sanguine à l'hôpital n'existe quasiment pas puisqu'il y a dépistage systématique lors du don du sang ;
• d'autre part, **par les rapports sexuels :** le virus se transmet par le sperme et les sécrétions vaginales, et seul le préservatif, masculin ou féminin, permet d'éviter ce type de contamination (voir page 98) ;
• enfin, le sida peut aussi se transmettre **de la mère à l'enfant** (pendant la grossesse, l'accouchement et l'allaitement) mais il existe des traitements pour réduire le risque de transmission.

On le sait… mais ça ne fait jamais de mal de le rappeler : on n'« attrape » pas le sida en embrassant quelqu'un, en lui serrant la main, en buvant dans le même verre, ni à la piscine ou aux toilettes. Vivre avec une personne porteuse du VIH n'est pas dangereux.

❥ QUAND FAIRE LE TEST ?

L'idéal, c'est de faire le test avant d'arrêter l'utilisation du préservatif. Quand on est amoureux et qu'on a confiance en l'autre, on se respecte, on se montre nos tests et éventuellement on enlève le préservatif, mais ce n'est pas obligé. Quand on a été exposé à un risque de contamination (une capote qui craque par exemple), on va consulter un médecin pour évaluer le risque d'infection.

➡ COMMENT SAVOIR ?

Pour savoir si on est ou pas porteur du virus, **il faut faire un test de dépistage, à partir d'une prise de sang.** Ce test est anonyme et gratuit dans les centres d'information et de dépistage anonyme et gratuit (Cidag), les centres de planification familiale, les PMI, les centres d'information, de dépistage et de diagnostic des infections sexuellement transmissibles (Ciddist). On peut aussi se faire prescrire le test par son médecin traitant et aller dans un labo : dans ce cas, le test est payant mais remboursé par la Sécurité sociale.

❥ + D'INFOS
Sida Info Service (numéro gratuit) :
0 800 840 800

« PEUT-ON ATTRAPER LE SIDA LORS D'UN PREMIER RAPPORT SEXUEL ? »

Oui.

« ON ÉTAIT EN VACANCES CHACUN DE NOTRE CÔTÉ, IL FAUT REFAIRE LE TEST ? »

Les flirts de vacances, ça existe. Un des deux a pu être tenté d'aller voir ailleurs. Au retour il vaut mieux refaire le test **et utiliser des préservatifs en attendant.**

un enfant : super, mais

➥ DEVENIR PARENTS ?

L'envie d'avoir un enfant, c'est un sentiment qu'on peut éprouver à tout âge : enfant, quand on joue à la poupée, ado, quand on s'imagine parent, en voulant revivre les bons moments de l'enfance, réparer les moments plus difficiles, faire autrement en tant qu'adulte avec ses propres enfants… **À partir de la puberté, notre corps est désormais prêt pour ça. Mais notre tête, pas forcément !**
Or, c'est ça le plus important. Un enfant, c'est un projet de vie, et souvent un projet de couple. Il faut en avoir envie, se sentir prêt/e à l'accueillir, à s'en occuper…
Dans des moments où ça ne va pas bien, on peut s'imaginer avec un bébé qui donnerait un sens à notre vie, à qui on donnerait ce qu'on n'a pas eu, qui serait tout le temps là… Mais avoir un enfant, ça ne règle jamais les problèmes qui étaient là avant.
Un enfant, c'est concret :
on va l'élever avec qui ? Et comment ? Est-ce qu'on en a les moyens ? Est-ce qu'on est prêt/e à arrêter le collège ? À assumer une telle responsabilité ?

Et l'autre futur parent, il en pense quoi ? Il en est où ?
Un enfant, ça se discute : quand dans un couple l'un des deux veut un enfant, l'autre n'a pas à accepter juste « pour faire plaisir » à la personne qu'il/elle aime. Une relation amoureuse, ça évolue, mais son enfant, il faudra être là pour lui.
À la puberté, notre corps change beaucoup. Avoir un enfant très jeune, ce n'est pas simple, à la fois pour le corps et pour la tête. **Une grossesse, ça se passera mieux… après, quand on sera plus grand/e et plus mature.**

❥ LES DEVOIRS DES PARENTS

Avoir un enfant, c'est avoir des devoirs envers lui, et ces devoirs sont inscrits dans la loi : ça signifie qu'on peut être sanctionné si on ne les respecte pas. Les parents doivent notamment veiller à la santé de leur enfant, à son éducation et à son épanouissement. Ils doivent aussi subvenir à ses besoins (manger, s'habiller, se loger…) au moins jusqu'à sa majorité, voire plus tard si l'enfant n'a pas les moyens de se débrouiller seul.
Avec un enfant, on s'engage pour très longtemps !

pas maintenant

C'est ce qu'on dit !

« Ma copine est enceinte, elle veut le garder. Moi, je ne me sens pas prêt. Elle m'avait dit qu'elle prenait la pilule, en fait elle l'avait arrêtée. C'est dur à vivre... C'est elle qui décide. »
✪ *Romain, 15 ans*

❥ PÈRE ET MÈRE ?

Depuis toujours quand un enfant naît, on sait qui est sa mère. Avec les progrès de la science, les tests ADN, on peut aujourd'hui savoir avec certitude qui est son père.
Avoir un enfant, ça engage la responsabilité de deux personnes. Il faut se parler !
Ne pas avoir d'enfant aussi, ça engage la responsabilité de deux personnes. Une fille qui ne veut pas être mère, un garçon qui ne veut pas être père, ont à leur disposition plusieurs méthodes de contraception (voir page 96).

un enfant : super, mais

➡ COMMENT SAVOIR ?

Le diagnostic de grossesse ne peut être posé que deux semaines après le rapport sexuel au cours duquel on pense qu'il y a eu fécondation. (Petits rappels : tout rapport sexuel peut entraîner une fécondation, donc une grossesse ; dans les trois jours qui suivent la relation, on peut prendre une contraception d'urgence, voir page 97).
Dès qu'on a un doute, il faut en parler : à un médecin, à l'infirmière scolaire, à quelqu'un du centre de planification et d'éducation familiale ou de la PMI…
Si les règles n'arrivent pas, ou si elles sont différentes de d'habitude (moins abondantes, moins longues), il faut faire un test.
C'est gratuit au centre de PMI pour les mineures, sinon on en trouve en pharmacie, mais il est préférable de faire le test avec un/e adulte.

➤ L'IVG

L'interruption volontaire de grossesse est autorisée en France depuis 1975 (c'est la loi Veil). Depuis 2001, **le délai légal est de douze semaines de grossesse,** soit quatorze semaines depuis le premier jour des dernières règles.
L'IVG doit être obligatoirement pratiquée par un médecin. Il existe différentes méthodes, qui sont sûres et ne rendent pas stérile.
Les mineures ont besoin d'être accompagnés de leurs parents. **L'autorisation parentale ou celle du tuteur légal est obligatoire. Quand elle n'est pas possible à obtenir, on peut être accompagnée d'un/e adulte référent/e de plus de dix-huit ans :** une sœur, une tante… Aucune autorisation n'est nécessaire pour les majeures et seule la femme décide d'interrompre sa grossesse.
L'IVG est remboursée par la Sécurité sociale à 100 %. Pour les mineures qui n'ont pas d'autorisation parentale, l'État prend en charge les frais.

C'est ce qu'on dit !

témoignages

« Dans mon quartier, il y a au moins dix filles qui sont enceintes, elles ont 15 ans, 16 ans… Ma meilleure amie est tombée enceinte et elle vient d'avoir 14 ans. Du coup ça fait peur ! Je ne sais même pas comment elles ont fait pour être enceintes ! À mon avis, c'était sur un coup de tête. Moi j'ai prévu de faire un bébé plus tard, mais 15 ans, c'est trop tôt. »
✪ *Audrey, 15 ans*

pas maintenant

➡ ÊTRE ENCEINTE ?

Savoir si on poursuit une grossesse ou si on l'interrompt est un choix personnel, compliqué, qui mérite d'être réfléchi soigneusement. Mais pas seule : ado, on a souvent du mal à démêler ses sentiments…
Au centre de PMI, on peut demander à rencontrer une conseillère conjugale et familiale ou un psychologue, pour faire le point sur sa situation, réfléchir à ce qu'on va faire. L'entretien avec une personne formée pour écouter, c'est mieux que de rester avec ses interrogations. La loi française laisse à la fille, et rien qu'à elle, la possibilité de poursuivre ou de mettre fin à la grossesse. **C'est dans son corps que ça se passe, et son corps est à elle. Mais la responsabilité du garçon est aussi engagée.** Et puis il y a la relation de couple, ce qu'on a vécu ensemble. Alors, en parler ensemble, c'est toujours mieux.

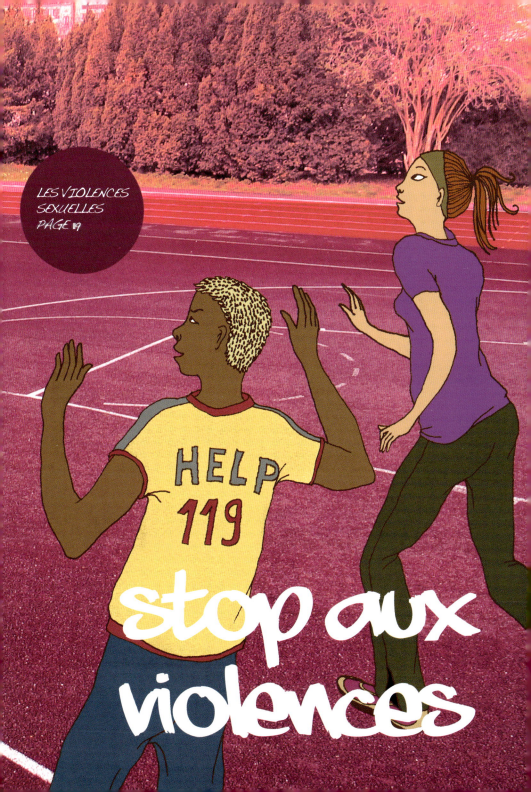

stop aux violences

➡ REFUSER LES VIOLENCES, POUR SOI, POUR LES AUTRES

Être bien dans sa vie, c'est être bien dans sa tête et dans son corps, être bien avec soi et avec les autres. En apprenant à se respecter et à se faire respecter, en se protégeant, on grandit. **Savoir dire non, c'est essentiel, pour soi et pour les autres.** Ce n'est pas toujours facile. Parce qu'on ne sait pas toujours bien démêler ses émotions, parce qu'on ne sait pas toujours si ce qu'on vit est normal ou pas, parce qu'on peut avoir peur… Pourtant, **on est toujours le mieux placé pour savoir ce qui est bon pour soi.** Quand on se sent en danger, quand on a peur, quand on ne veut pas, **on a le droit de réagir, de ne pas subir.**

Les violences ne sont pas toujours physiques, elles sont aussi psychologiques. Ça peut être la pression d'un plus fort, d'un plus âgé, d'un plus grand, d'un adulte, pour nous pousser à faire ce qu'on n'a pas envie de faire. Les violences, il faut les refuser pour soi. Mais aussi pour les autres : écouter celui ou celle qui est victime, le ou la guider vers la personne qui pourra l'aider, **c'est être solidaire.**

➧ LE 119
C'est un numéro gratuit, 24 heures sur 24, qu'**on peut appeler si on est maltraité** ou si on connaît quelqu'un qui l'est. On y trouve de l'écoute, des conseils pour faire en sorte que ça s'arrête.

témoignages

C'est ce qu'on dit !

« J'ai dit à ma copine, il faut que tu en parles, tu n'as pas à avoir honte. Le silence, ça ne profite qu'à tes agresseurs. »
✪ *Nina, 15 ans*

« Des fois, ça ne suffit pas de dire non quand on ne veut pas faire quelque chose. Mais en parler, c'est un bon début pour que ça s'arrête. »
✪ *Samy, 14 ans*

« On est un groupe de copains. Quand il y a une embrouille, on s'en parle. On se protège les uns les autres. C'est important. »
✪ *Karim, 15 ans*

➡ ET SI C'EST MOI QUI SUIS VIOLENT/E ?

Parce que ce n'est pas toujours facile de contrôler ses émotions, parce que parfois ça déborde, on peut en venir à être violent, dans les mots ou dans les actes. Et après, on ne comprend pas forcément son attitude, son geste, ou on regrette ; bien sûr, on a peur d'être puni... Or la violence fait du mal à celui, celle qui la subit, **mais aussi, différemment, à celui ou celle qui la commet.** Plus on reste seul avec elle, plus elle nous mange de l'intérieur. En parler, demander conseil à un adulte de confiance, essayer de comprendre ce qu'on a fait, c'est commencer à s'en libérer. Et si ça veut dire qu'on sera sanctionné, assumer ses responsabilités, c'est ça aussi, grandir...

➡ ÇA S'EST PASSÉ IL Y A LONGTEMPS...

Des souvenirs, quelque chose qui s'est passé avec un adolescent ou un adulte qu'on connaissait, de la famille parfois, quand on était petit... On se souvient parfois de choses très précises, ou au contraire on ne sait plus tout à fait ce qui s'est passé. On se rend compte en grandissant que ce n'est pas normal, on a honte, on n'en parle pas, c'est un secret qu'on garde depuis si longtemps, mais on y repense de plus en plus souvent, et puis ça prend toute la place dans sa tête. **On ne pourra aller mieux que quand on aura pu en parler. Ces violences-là aussi sont interdites et punies par la loi.**

stop aux violences

➜ LE HARCÈLEMENT À L'ÉCOLE

Le harcèlement est une violence répétée, verbale, physique ou psychologique commise dans le but de nuire : on pense avoir le pouvoir sur l'autre et cela donne une sensation trouble de jouissance. Il prend différentes formes : moqueries, insultes, propagations de fausses rumeurs, des coups, des bousculades, des gifles, des jeux dangereux effectués sous contraintes, rackets, vols, menaces… L'apparence physique, le sexe, l'homosexualité, le handicap, l'appartenance à un groupe social ou culturel particulier sont particulièrement visés. L'exclusion est aussi une forme de harcèlement quand personne ne nous parle, ne nous intègre à sa bande et ne veut se mettre avec nous pour un travail de groupe.

➜ SI J'EMBÊTE LES AUTRES

Tout seul ou avec d'autres, je me suis mis à harceler quelqu'un, toujours le même, et de manière répétée. Il y a quelque chose chez ce bouc émissaire qui me dérange. Est-ce que cela me rend plus populaire ? Est-ce que cela me donne un sentiment de supériorité ? Et si je m'interrogeais « pourquoi je fais cela ? » alors que je sais que je fais du mal à quelqu'un ? Il est possible que je cache derrière ce comportement une assez grande fragilité. Si je continue, je risque d'être responsable d'un acte désespéré. Il est possible de prendre conscience de tout cela et de trouver de l'aide pour m'en sortir.

➜ STOP HARCÈLEMENT

au 0808 80 70 10
agircontreleharcelementalecole.gouv.fr

➥ JE SUIS VICTIME

La tentation de m'enfermer dans le silence est forte. La honte m'empêche de me défendre, je crois que c'est de ma faute, j'ai peur de ne pas être cru ni soutenu. Sur le coup, je pense que ce n'est pas si grave, je laisse tomber et je préfère me taire. Mais justement, c'est cela que le harceleur cherche : à m'isoler ! Tout cela n'est pas bon pour moi. Je m'en sors en me rendant compte que tout cela n'est pas normal et je trouve une solution en cherchant du soutien.

➥ LE TÉMOIN

Le harcèlement à l'école est une pratique de groupe. J'ai eu peur de me retrouver du côté du bouc émissaire alors j'ai préféré l'autre côté quitte à devenir harceleur. Ou je n'ai rien dit, j'ai juste laissé faire par peur des représailles… Tout cela me trouble.

➢ VIOLENCES PAR TÉLÉPHONE

Il est arrivé que des jeunes trouvent « amusant » de taper quelqu'un et de filmer avec leur portable. **Sur écran ou pas, la violence reste la violence** : si on découvre ce genre de film, il faut en parler à un adulte de confiance, pour que ceux qui ont fait ça, ne recommencent pas et que la loi soit respectée. Il arrive aussi que des garçons photographient leur copine avec le portable, pendant qu'ils ont un rapport sexuel, pour faire circuler les images. Utiliser l'image d'une personne sans qu'elle soit d'accord, c'est strictement interdit. Et en faisant ça, ils violent l'intimité de leur copine ! Il faut savoir le refuser : **c'est de la violence qui laisse des traces dans la tête de chacun/e**, et pas des traces agréables pour la suite.

stop aux violences

➥ LES MUTILATIONS

Qu'est-ce que c'est ? Il existe deux types de mutilations sexuelles. L'excision, c'est l'ablation d'une partie plus ou moins importante des petites lèvres et du clitoris. L'infibulation consiste, en plus de l'excision, à fermer partiellement l'entrée du vagin par la couture des grandes lèvres (voir dessin p. 24).

Ces mutilations sont très douloureuses, traumatisantes et dangereuses. Elles sont souvent faites dans de très mauvaises conditions d'hygiène et avec un risque d'hémorragie grave. Elles laissent des traces dans les corps et dans les têtes, et augmentent les risques de complication au moment de l'accouchement. **En France et dans de nombreux pays, y compris en Afrique, elles sont interdites et sévèrement punies** (de dix à quinze ans de prison).

Qu'est-ce qu'on fait ? Si on est menacée, il faut en parler à une personne de confiance.

Il existe une association, **le Groupe pour l'abolition des mutilations sexuelles** (Gams, voir encadré ci-dessous), qui peut apporter son soutien. Même si c'est arrivé il y a longtemps, ça peut aussi aider d'en parler, d'être aidée et soutenue.

La loi permet de porter plainte jusqu'à vingt ans après la majorité.

À savoir : il est aujourd'hui possible de réparer des mutilations sexuelles, même si ce n'est jamais tout à fait « comme avant ».

➤ NUMÉROS UTILES
• Femmes Info Services : 01 40 33 80 60
• Groupe pour l'abolition des mutilations sexuelles (Gams) : 01 43 48 10 87
• Voix de femmes : 01 30 31 55 76
• Elele (Migration et culture de Turquie) : 01 43 57 76 28
• www.jeunesviolencesecoute.fr ou 0808 807 700

➽ LE MARIAGE FORCÉ

Qu'est-ce que c'est ? C'est le fait d'être marié/e contre sa volonté à une personne qu'on connaît ou pas. C'est une situation douloureuse : accepter, c'est renoncer à tant de choses ! On voudrait tous vivre avec quelqu'un qu'on aime, qu'on a choisi. Et on en a le droit. Mais refuser, ça peut vouloir dire partir de chez soi, fuir, rompre avec sa famille : ça fait mal, et ça fait peur...
En France, **le mariage forcé est interdit.** L'âge légal du mariage est de dix-huit ans, la majorité, pour tout le monde, filles et garçons.
Qu'est-ce qu'on fait ? On essaie d'abord d'en discuter avec ses parents, mais ça n'est pas toujours possible. **On en parle à un/e proche, une assistante sociale, un prof, si on peut, ou on fait passer l'alerte par un copain ou une copine.**
On peut écrire ou faire écrire au procureur de la République pour demander sa protection, et si on a moins de vingt et un ans, on peut entrer en contact avec le juge des enfants (voir page 43).
À savoir : avant un voyage « au pays », il peut être prudent de confier une photocopie de ses papiers d'identité à une personne de confiance, qu'on pourra appeler si des menaces de mariage forcé se précisent. La loi protège tout citoyen français et tout mineur qui vit habituellement en France.

C'est ce qu'on dit !

témoignages

« J'ai compris tard que mon mariage était prévu avec un cousin germain. Je m'entendais bien avec mes parents ; j'avais de bons résultats à l'école et après le bac, je voulais aller à l'université. J'ai dit à mes parents que je n'étais pas d'accord. Ils ont réagi violemment en me disant que j'étais la honte de la famille. Tous les jours, j'ai été harcelée. Mon père m'a dit que si je ne me mariais pas, je n'étais plus sa fille, que je devrais changer de nom. Comment imaginer vivre sans voir sa mère, ses sœurs, son frère ? J'étais épuisée, j'ai fini par dire oui. » ✪ *Aïcha, 17 ans*

« Mes parents m'avaient parlé de vacances au pays avant de commencer ma formation. L'assistante sociale m'avait conseillée de faire une photocopie de mes papiers et de faire attention car dans ma famille, il y a des mariages arrangés. Je ne l'ai pas crue. On m'a emmenée au Mali où m'attendait le futur mari que la famille m'avait choisi. J'ai été mariée religieusement alors que je n'étais pas d'accord. Au bout de deux mois, j'ai réussi à m'enfuir et à revenir en France. Maintenant je voudrais faire annuler ce mariage, mais c'est la galère. » ✪ *Aminata, 17 ans*

stop aux violences

➜ LA PORNOGRAPHIE

Qu'est-ce que c'est ? C'est le fait de montrer des relations sexuelles ou des organes sexuels en gros plan, sans pudeur, pour exciter le spectateur et le lecteur.

Qu'est-ce qu'on fait ? D'abord, on n'est pas obligé de regarder pour faire « comme les autres ». Ensuite, il faut comprendre de quoi il s'agit. Le plus souvent, les films, les revues et les sites pornographiques mettent en scène des clichés sexistes : des hommes avec des pénis énormes, des femmes soumises, humiliées, dont on ne voit que des organes... Et puis des corps comme des objets, des personnes coupées de leur histoire, des relations sans amour ni envie d'être ensemble.

Le porno, c'est aussi une industrie, une affaire d'argent : dans l'histoire, on est manipulé !

Faire l'amour, donner et se donner du plaisir, ça n'est pas une compétition ni une « performance ». Et **c'est d'abord du respect, pour soi et l'autre, pour ses désirs et ceux de l'autre.**

À savoir : les films, les magazines et les sites porno sont interdits aux moins de dix-huit ans.

➥ LES VIOLENCES SEXUELLES

Qu'est-ce que c'est ? Il existe plusieurs formes de violences sexuelles. L'agression sexuelle, c'est le fait d'obliger une autre personne à une activité sexuelle sans son consentement, sous la contrainte, la menace, la violence ou la surprise. Ce peut être le viol, mais aussi des attouchements. Dès lors que la victime est un/e jeune de moins de dix-huit ans, on parle d'« abus sexuel sur mineur ». **Toutes ces violences sont bien sûr interdites par la loi et lourdement punies.**

Qu'est-ce qu'on fait ? Surtout, on ne reste pas seul/e. On en parle à une personne de confiance: les parents, quelqu'un de la famille, l'infirmière scolaire, une prof, un assistant social. Quelqu'un qui saura nous aider pour faire en sorte que ça s'arrête.

On peut appeler le 119 qui alerte le juge, ou aller au commissariat, ou écrire ou faire écrire directement au procureur de la République. Toutes les violences physiques, psychologiques ou sexuelles sur un ou une mineur/e doivent être signalées au juge.

➥ LE CORPS N'EST PAS UN OBJET

Dès que l'on propose ou que l'on utilise son corps comme une monnaie d'échange, il devient alors une contrepartie pour une relation affective ou une réputation. Mais monnayer son corps, cela n'a rien de banal même si, souvent, les journaux et la pub nous montrent bien souvent le contraire : le corps n'est pas un objet.

adresses utiles

➥ DES INFOS, DE L'ÉCOUTE

✪ **Fil Santé Jeunes :**
www.filsantejeunes.com
Informations sur la sexualité, la contraception, les drogues, la grossesse, les IST, le sida, etc., un chat et des forums.

ou **32 24** tous les jours de 8 heures à minuit, anonyme et gratuit (depuis un portable : 01 49 93 30 74 - coût d'un appel local)

CONTRACEPTION, IST, IVG
✪ L'Association française pour la contraception (AFC) :
www.contraceptions.org
✪ Le Mouvement français pour le planning familial (MFPF) gère de nombreux centres d'accueil locaux : toutes les adresses sur
www.planning-familial.org
Le site présente des informations sur la sexualité, la contraception, l'interruption volontaire de grossesse (IVG)… Avec une rubrique « Ça m'arrive » pour trouver les réponses aux questions qu'on n'ose pas toujours poser.
✪ Prévention et contraception :
www.pilado.com
✪ Aides, association de lutte contre le sida : www.aides.org
✪ Les centres régionaux d'information et de prévention du sida (Crips) :
www.lecrips.net
✪ www.onsexprime.fr
Site qui raconte les premières fois, le plaisir, les sentiments.

✪ NET ECOUTE.FR :
Accueil téléphonique (anonyme et confidentiel) protection des jeunes sur internet
Du lundi au vendredi de 9 h à 19 h
0800 200 000 (numéro vert)

✪ Sida Info Service :
CIDDIST (Centre d'information de dépistage et de diagnostic des infections sexuellement transmissibles) numéro de téléphone à regarder sur Internet en fonction de votre département.
www.sida-info-service.org
ou 0800 840 800
✪ SexAdos :
www.sexados.fr
Un site d'information et de prévention sur la sexualité des adolescents.
✪ Les différents moyens de contraception.
www.choisirsacontraception.fr
✪ Pour savoir où et comment interrompre une grossesse en Ile de France
http://www.ivglesadresses.org
✪ www.ligneazur.org
0 810 20 30 40
(tous les jours de 8 h à 23 h - coût d'un appel local depuis un poste fixe) pour trouver des réponses quand on se pose questions sur son orientation sexuelle (homo-, bi- ou hétéro-).
✪ www.cestcommeca.net
Définitions et informations sur l'homosexualité, la bisexualité et la transsexualité ; conseils, témoignages, portraits.

TABAC, DROGUES, ALCOOL

✪ Tabac Info Service :
www.tabac-info-service.fr ou 39 89
✪ Stop Tabac
www.stop-tabac.ch
✪ Drogues Info Service :
0800 23 13 13
(de 8 h à 2 h, anonyme et gratuit
sauf portable : coût d'un appel local)
✪ Écoute alcool : 0811 91 30 30
(de 14 h à 2 h, coût d'un appel local)
✪ Écoute cannabis : 0 811 91 20 20
(de 8 h à 20 h, coût d'un appel local)
✪ A toi de jouer
www.educalcool.qc.ca/fr/volet-jeunesse/toi-de-jouer/index.html
Un site pour sensibiliser à l'abus d'alcool et encourager la modération, avec des animations.
✪ Mission interministérielle de lutte contre les drogues et la toxicomanie
www.drogues.gouv.fr
Ce site interministériel propose des informations sur les drogues et les dépendances.

✪ Dopage.com
www.dopage.com
Toutes les infos pour éviter les médications qui contiennent des substances interdites.
✪ Écoute Dopage
0800 15 2000
National, gratuit, confidentiel et anonyme, du lundi au vendredi de 10h à 20h.

MAL-ÊTRE

✪ L'association Sepia (prévention du suicide des ados) :
www.sepia.asso.fr
✪ Le Groupe de réflexion sur l'obésité et le surpoids : www.gros.org
✪ Paris Ados Services :
3, rue André-Danjon, Paris 19[e]
01 42 40 20 42 (jour)
et 01 44 52 03 34 (nuit)

CONNAÎTRE SES DROITS

www.droitsdesjeunes.gouv.fr
www.ado.justice.gouv.fr
Le défenseur des enfants :
www.defenseurdesenfants.fr

VIOLENCES, MARIAGES FORCÉS

✪ Jeunes Violence Écoute
(violences scolaires, injures, racket…) :
www.jeunesviolencesecoute.fr
ou 08 08 80 77 00
Ce site informe sur les différents types de violences, sur ce que dit la loi, sur les structures d'aide psychologique ou juridique afin de permettre à chacun de trouver des témoignages et des ressources utiles face à un problème.
Le site permet un dialogue entre internautes avec des forums de discussion.

✪ Femmes Info Service
Écoute, information et orientation des femmes victimes de violences :
39 19

✪ Le Groupe pour l'abolition des mutilations sexuelles (Gams) :
01 43 48 10 87
www.federationgams.org
Lutte contre toutes les violences faites aux femmes, mutilations, mariages forcés.

✪ Voix de femmes :
Lutte contre le mariage forcé.
01 30 31 55 76

✪ SOS Homophobie
www.sos-homophobie.org
Le site offre de nombreuses informations, ainsi que la possibilité de témoigner en ligne. Il existe aussi une ligne d'écoute anonyme : 0810 108 135 ; coût d'une communication locale depuis un poste fixe ; avec un portable, appeler le
01 48 06 42 41.
Lundi et vendredi de 18h à 22h ;
mardi, mercredi, jeudi et dimanche de 20h à 22h ; samedi de 14h à 16h.

✪ Allô Enfance Maltraitée
Anonyme et gratuit, ouvert 24H/24 ;
le 119 peut intervenir aussi en signalant un acte de maltraitance à la justice.

✪ Viol femmes informations
www.cfcv.asso.fr
ou 0 800 05 95 95
(gratuit d'un poste fixe et d'une cabine téléphonique, pour le portable coût selon votre opérateur).
National, anonyme et gratuit, du lundi au vendredi de 10h à 19h.

mes notes

mes notes

La masturbation : c'est pour les filles ou pour les garçons ? *(page 85)*

À quel âge doit-on avoir les premières règles ? *(pages 22 et 23)*

Y a-t-il une taille moyenne du pénis à la puberté ? *(page 18)*

Est-il habituel d'avoir une érection quand on se lève le matin ? *(page 20)*

C'est forcément difficile, l'adolescence ? *(pages 40 à 43)*

Il y a un bon âge, pour avoir des relations sexuelles ? *(pages 86 et 87)*

L'amour et le désir, c'est la même chose ? *(page 67)*

On apprend à faire l'amour, en regardant des films porno ? *(page 118)*

Quand ça va mal, qu'est-ce que je peux faire ? *(pages 60 et 61)*

Comment faire pour savoir si je suis homosexuel(le) ? (pages 68 et 69)

Faire une fellation contre de l'argent ou des cadeaux, c'est de la prostitution ? (page 119)

Est-ce que le sida se transmet en s'embrassant ? (page 104)

Ça veut dire quoi IST ? (page 102)

Est-ce que toutes les femmes saignent lors de leur première relation sexuelle ? (pages 24 et 91)

La puberté et l'adolescence, c'est pareil ? (page 37)

Peut-on tout dire et tout diffuser sur Internet (messages, photos, vidéos ?) (pages 52 et 53)

La première fois, comment faire pour que ça se passe bien ? (pages 94 à 109)

Si je suis témoin de harcèlement à l'école, que dois-je faire ? (pages 114 et 115)

a

abus sexuel	119
acné	28
adolescence	36 à 51
adulte	36
agression sexuelle	86, 113
amitié	44, 45
amour	64 à 79
anneau contraceptif	101
avortement	108

b

bisexualité	68 à 71

c

cannabis	54
centre de planification, CPEF	96
chlamydia	102
clitoris	25
contraception	96 à 101
contraception d'urgence	97
copains, copines	44 à 47, 74, 75
cunnilingus	85

d

dépistage	102, 105
désir	82
drogues	54, 55
droits de l'enfant	42

e

éjaculation	21, 92
enceinte	106 à 109
érection	20, 92
être parent	106 à 107
excision	116

f

famille	40 à 43, 71, 77
fantasmes	83
fellation	85
frigidité	93

h

harcèlement	114
hétérosexualité	68 à 69
homophobie	70
homosexualité	68 à 69
hygiène	28
hymen	24, 89 à 91

i

implant contraceptif	100
impuissance	20, 92, 93
inégalités hommes-femmes	50
infections sexuellement transmissibles (IST)	102 à 105
infibulation	116
insultes	50, 51
internet	56, 59
interruption volontaire de grossesse (IVG)	108

j

juge des enfants	43

l

laïcité	76
look	32

m

mariage forcé	117
masturbation	85

pour s'y repérer

o
orgasme　　　　　　　　　　　21, 84

p
pannes sexuelles　　　　　20, 92, 93
patch contraceptif　　　　　　　100
pénétration　　　　　　　　　84, 89
pénis　　　　　　　　　　　　18, 92
pertes blanches　　　　　　　　　23
pilule　　　　　　　　　　　100, 101
planning familial　　　　　　　　101
poids　　　　　　　　　　　　30, 31
poils　　　　　　　　　　　　16, 26
pornographie　　　　　　　　　118
première fois　　　　　　　86 à 93
prémix　　　　　　　　　　　　　54
prendre des risques　　　　52 à 55
prépuce　　　　　　　　　　　　 18
préservatif　　　　　　　　86, 98, 99
puberté　　　　　　　　　12 à 33, 37

r
règles　　　　　　　　　　　22, 23
réseaux sociaux　　　　　　　　52
rupture　　　　　　　　　　78, 79

s
seins　　　　　　　　　　　　17, 27
séropositivité　　　　　　　104, 105
sexualité　　　　　　　　　82 à 93
sida　　　　　　　　　　　104, 105
sodomie　　　　　　　　　　　　85
sommeil　　　　　　　　　　　　29
sortir avec　　　　　　　　　72, 73
sperme, spermatozoïdes　18, 19, 20
sport　　　　　　　　　　　　　　31

t
testicules　　　　　　　　　18, 19

v
VIH　　　　　　　　　　　　104, 105
violences　　　　　　　　112 à 119
virginité　　　　　　　　　　　90, 91
vulve　　　　　　　　　　　　　　26

z
zones érogènes　　　　　　　　82

QUESTIONS D'ADOS

L'ÉQUIPE

Coordination et rédaction
Dr Muriel Prudhomme, gynécologue PMI-CPEF
Amaelle Guiton et Aline Pénitot

Conseillers (Conseils généraux du Val-de-Marne et de l'Essonne)
Florence Baruch, psychologue conseillère conjugale et familiale PMI-CPEF
Sophie Breuilly, responsable de communication (pôle Enfance-Famille)
Dr Anne-Marie Casanoue, médecin de l'Éducation nationale
Françoise Daphnis, responsable de l'Observatoire de l'égalité
Myriam Delarue, chargée de communication
Dr Patricia Delberghe, médecin CPEF-PMI
Khadi Diallo, association GAMS
Coline Granger, assistante à l'Observatoire de l'égalité
Agnès Huleux, responsable de l'action sociale, Éducation nationale
Véronique Le Ralle, chargée de mission éducation à la sexualité, Conseil général de l'Essonne
Benoît Louis, psychologue PMI
Martine-Claire Tcholakian, infirmière
Monique Zarka, infirmière PMI-CPEF

Illustrations
Mai-Lan Tran-Bernaud    Fred Sochard

Direction artistique
Sébastien Bergerat

Merci à Alexia, Christophe, Hakim, Jessie, Lucie, Magou, Mehdi, Philippe, Ryadh, Sipa, Tatiana et tous ceux et celles dont le regard et la parole ont nourri ce livre.

Ouvrage conçu par *Antibruit*

Achevé d'imprimer à la Stige - Italie Septembre 2014